JN409329

11월의 노랑나비

최영애 수필집
11월의 노랑나비

인쇄 2018년 10월 25일
발행 2018년 11월 01일

지은이 최 영 애
발행인 서 정 환
펴낸곳 수필과비평사
주소 서울특별시 종로구 삼일대로 32길 36(익선동, 윤현신화타워) 305호
전화 (02) 3675-3885 (063) 275-4000, 252-5633
팩스 (063) 274-3131
이메일 sina321@hanmail.net
출판등록 제465-1984-000004호
인쇄 · 제본 신아출판사

ISBN 979-11-5933-184-8 03810
값 15,000원

「이 도서의 국립중앙도서관 출판예정도서목록(CIP)은 서지정보유통지원시스템 홈페이지(http://seoji.nl.go.kr)와 국가자료공동목록시스템(http://www.nl.go.kr/kolisnet)에서 이용하실 수 있습니다.(CIP제어번호: 2018035089)」

Printed in KOREA

* 이 책은 2018년 한국문화예술위원회 부산광역시 부산문화재단
예술특성화 지원사업의 일부지원을 받아 발간하였습니다.

11월의 노랑나비

최영애 수필집

수필과비평사

책을 내며

책을 출간한다는 기대감과 함께 부끄러움이 먼저 다가옵니다. 어쭙잖은 저의 수필집 책갈피를 한 장 한 장 넘겨주면서 살아온 제 삶이 누군가에게 힘과 희망이 되었으면 합니다. 부족한 글이지만 한 줄의 문장이라도 마음 깊이 새기는 감동으로 남겨진다면 그것으로 책을 출간한 보람이 되겠습니다.

최선으로 살았다고 생각했는데 아쉽고 후회하는 마음만 가득합니다. 언제나 나에게 위로와 든든한 버팀목이 되어주는 성규, 송이, 기범, 그리고 나의 기쁨인 손자 도균이, 손녀 서율, 윤슬이…. 지금 내가 행복한 이유가 됩니다. 늘 함께하는 문우 여러분 덕분에 소리 내어 웃기도 합니다. 지도교수님께 큰 감사 인사를 올립니다. 저에게 도움과 따뜻한 마음으로 챙겨주신 모든 분께도 고맙다는 말을 전해봅니다.

올해도 어김없이 또 가을은 올 것입니다. 그때에도 가로수 은행나무에는 11월의 노랑나비가 날겠지요. 오늘은 먼 곳에 있는 영원한 그리운 이의 안부를 묻고 싶은 날입니다. 그 사람이 수필집 출간을 제일 기뻐하겠지요. 잘했다고 환한 미소를 짓고 있을 내 심장의 반쪽 그 사람께 《11월의 노랑나비》 수필집을 바칩니다.

2018년 가을, 최영애

차 례

1부 녹

2부 그립고 그립고 그립다

3부 어제 오늘 그리고 내일 또

4부 향수의 조각보

1부 녹

석류 I 72×72 2008

몸빼 바지

옷장에서 옷을 꺼낸다. 거울에 비춰진 옷에 주목하지만 눈길은 세월이 지나간 흔적을 담은 얼굴에 멈춘다. 옛 모습을 기억하는 내 눈길이 슬며시 얼굴 아래로 피한다. 약간 늘어난 허리 사이즈가 조금은 답답하다. 그나마 박스 스타일 옷이라 불어난 몸매를 무난히 소화시켜줄 것 같다.

빽빽하게 채워진 옷장을 정리했다. 언젠가 입겠지 하는 미련으로 옷걸이에 걸어둔 옷가지들이 손이 가지 않은 채 수년간 옷장을 채우고 있다. 이번만은 아쉬움을 접고 웬만한 것은 버리는 쪽으로 마음을 정했다.

옷걸이가 옷 하나를 걸치고 있다. 검정 바탕에 가느다란 오색으로 체크무늬가 있는 몸빼 옷이 어둠 속에서 돋보인다. 삼십 년이 넘는 동안 '한 번쯤' 주인이 입어주겠지 하는 기대로 옷장 깊숙한 곳에서 버티고 있는 중이다. 그리움 하나 끌어안고 있는 그 옷을 지켜보노라니 빛바랜 사진을 들춰보듯 마음이 아련해진다.

'사랑은 움직이는 거' 라는 오래전 광고 문구가 생각난다. 옷 역시 그랬다. 한때 이 옷은 사람들의 시선을 듬뿍 받았지만 새 옷에 밀려 외면받았다. 그 후 세월을 달게 된 몸빼 바지는 옷장 속에서 화려했던 날들을 회상하며 한번만이라도 주인이 더 입어주기를 기다렸다. 젊은 후궁의 투기에 밀려 궁궐 깊숙한 곳에서 찾아주지 않는 군왕을 하염없이 기다리는 중전마마 같은 신세랄까.

살다 보면 많은 사람과 만나고 헤어진다. 특별히 마음을 나누고 친밀감을 주는 사람이 있는가 하면, 외면하고 싶은 사람도 있다. 옷도 매한가지다. 몸과 마음을 편하게 해주는가 하면 왠지 어색하게 느껴지는 옷이 있다. 나는 단색만을 고집하는 편이지만 이 옷만은 오랫동안 즐겨 입었다.

한때 의상실을 경영했다. 70~80년대의 의상실은 호황을 누렸다. 보세 공장에서 남은 자투리 원단이 시장으로 흘러들어왔다. 잘만 고르면 한국에서 생산되지 않는 이색적인 고급 원단을 구매할 수가 있었다. 몇 감을 끊어와 단골손님들에게 어울리는 디자인으로 개성을 살려주기도 했다.

그날도 보세 가게로 발길을 돌렸다. 주문한 물품을 구매한 다음 색다른 원단이 있나 살펴보는데 검정 바탕에 가느다란 오색 체크무늬에 눈길이 끌렸다. 무작정 한 벌 감을 끊었다. 며칠을 두고 디자인을 구상해 봤다. 체크무늬가 화려하니 복잡한 모양은 피하고 심플하게 만들기로 정했다. 상의 목 부분을 밋밋한 원형으로 하고 몸통은 박스형으로 만들었다. 동화책에 나오는 '알라딘' 바지 스타일을 응용해 봤다. 노트에 스타일을 그려가는 동안 그것은 어릴 때 보았던 엄마의 일 바지를 닮아갔다.

엄마는 겨울만 되면 몸빼 바지를 입었다. 군복색 미군 담요로 만든 것인데 소재가 양모로 짐작되었다. 겨울 내내 엄마는 외롭고 추운 몸을 따뜻하게 해주는 카키색 몸빼 바지만 입었다. 엄마에게는 일 바지였다. 오랫동안 입어 낡아버렸건만 차마 버리지 못하고 여기저기 꿰매어 입었다. 군용 담요로 만든 바지를 입은 엄마는 궂은일을 가리지 않았다. 농사일은 물론 산에서 땔감을 구해오기도 하고 물때가 되면 갯가에서 바지락을 캤다. 어린 사 남매를 지켜야 하는 버겁고 고달픈 청상의 엄마는 몸빼 바지를 아버지의 따뜻한 손길로 여겼을까. 십 년이 넘도록 그 옷만 입으면 한 가정을 지키는 씩씩한 가장으로 변했다.

외삼촌들의 권유로 부산으로 이사한 후로 엄마는 육신의 고통에서 벗어날 수 있었다. 엄마는 딸이 만들어주는 옷을 입고 친지들의 경조사에 자랑스럽게 입고 다녔지만 그 멋진 날들을 오래 즐기지 못하시고 돌아가셨다. 몸빼 바지가 엄마의 삶을 버티게 한 것처럼 현실에 지친 나를 지켜줄 무엇인가 필요했다.

벨트 아래 앞뒤 양쪽 맞주름을 풍성하게 잡아 일하는데 편하게 만들었다. 바지 끝에는 리본 끈을 넣고 조여 움직이는데 불편함이 없도록 했다. 일주일 만에 옷이 마무리되었다. 엄마의 일 바지 스타일에 시대를 앞선 약간의 패션을 보태었다. 엄마의 옷이 환생되었다.

그동안 나는 손님들이 구매 의욕을 높이도록 옷을 입었다. 처음으로 나만을 위해 디자인한 옷을 입었다. 상의는 바지 속으로 넣어 잘록한 허리를 강조했다. 파여진 목 부분에는 니트 소울을 자연스럽게 감아 멋스러움을 더했다. 바지 끝에 묶인 깜찍한 리본은 삼십대 초반 여인의 발랄함을 더해주었다. 엄마의 담요 바지를 응용한 몸빼 바지는 많은 사람의 시선을 끌었다.

"어느 백화점에서 산 무슨 메이커예요?"

사람들은 다가와 살펴보며 만져보기도 했다. 특이한 원단과 유행을 타지 않는 디자인으로 십 년 가까이 입었다. 언니 옷만 대물림해서 입혀주던 엄마에게 투정부리던 나는 의상실을 경영한 후로 멋진 옷만 입었다. 생전의 엄마는 어릴 적 한풀이를 한다며 새로운 차림을 볼 때마다 흡족해하셨다. 자신의 일 바지보다 패션에서 앞서가는 몸빼 바지를 입은 모습까지 보았다면 엄마는 얼마나 행복해 했을까.

다시 거울 앞에 선다. 점점 나이가 들면서 내 모습도 성격도 목소리까지 엄마를 닮아간다. 거울 앞 나의 모습이 엄마가 몸빼 바지를 입고 서 있는 듯하다. 엄마도 아버지가 계셔서 느긋한 삶을 살았더라면 그 시절에 유행하는 멋진 옷을 계절에 맞게 즐겨 입었으리라 짐작된다.

옷을 옷장 맨 앞쪽에 다시 걸어둔다. 올해 찬바람이 부는 늦가을이 다가오면 마음까지 따뜻하게 해줄 몸빼 바지를 입을 것이다. 바지 주머니에 손을 넣으면 따스한 엄마의 손도 잡힐 게다. 몸빼 바지 계절이 기다려진다.

석류II 65.1×65.1 2008

엄마 전용 요리사

요리하는 남자가 대세다. TV에는 요리하는 프로가 많아지고 남자 셰프들이 인기인으로 주목받고 있다. 매체에 나오는 셰프들의 영향으로 요리학원마다 수강생이 넘쳐난단다. 남자는 주방에 들어가는 게 아니라는 옛 말씀이 무색해지고 요리 잘하는 남자들이 왠지 멋지게 보이는 시절이 되었다.

남편은 가부장적이고 완고한 시댁 가풍에 철저했다. 식탁에 앉으면 "밥, 숟가락, 물" 하기만 했다. 식탁에 차려진 음식에 수저질만 할 뿐이다. 나 역시 친정엄마로부터 남편을 하늘같이 받들라는 가르침을 받은 터다. 남자가 집에서 대접을 받아야 사회생활에 기죽지 않는다는 이유다. 그래서인지, 아니면 그런 사람을 만난 것을 내 운명으로 여겼는지 남편의 식탁 버릇을 별로 탓하지는 않았다.

신혼 때다. 늦은 시간까지 운영하는 의상실 일을 마치고 집에 오면 더 바쁘게 일을 해야 했다. 밥솥에 밥이 되는 동안 집 청소를 했다. 첫아기를 임신 중이라 주어진 일들이 너무 버겁고 힘들었다. 남편이 화장실에서 발을 씻고 있기에 청소한 걸레를 빨아줄 것을 부탁했다. 그러자 남편은 화를 내었다. 어떻게 남자에게 걸레를 빨아 달랄 수 있느냐는 것이다. 이후로 나에게 냉기를 풍기며 일주일 동안 말을 하지 않았다. 그런 충돌이 있었지만 나도 가장이 부엌에 드나드는 것을 마땅찮게 여겼다. 남편은 아예 숟가락 챙기는 일을 한 적이 한 번도 없었다. 심지어 전기밥솥 뚜껑도 열 줄 모른다. 요즘 밥솥 뚜껑도 못 여는 사람이 어디 있느냐고 아들딸에게 타박을 들어도 잔잔한 미소를 지을 뿐 시도해 볼 생각이 전혀 없었다.

아들은 달라도 너무 다르다. 부전자전이 아니라 부전역전이다. 언제부턴가 부엌을 들락거리기 시작했다. 부엌에서 아들 모습을 보는 일이 아예 익숙해져 버렸다. 티브이 요리 프로에서 구미에 당기는 레시피를 다운받아 요리를 만든다. 한번도 먹어 보지 못한 음식을 잘도 만들어낸다. 간도 잘 맞추고 음식에 잘 어울리는 그릇을 골라 먹음직스럽게 담아낸다. 만든 음식을 내가 맛있게 먹거나 칭찬이라도 해주면 뿌듯한 표정을 감추지 못한다. 요즘은 음식을 잘해야 사랑받는 남편감이라며 들으란 듯이 너스레를 떤다. 음식을 만들기가 귀찮기도 하련만 백종원 씨도 울고 갈 솜씨를 발휘한다. 설거지까지 깔끔하다. 요리하는 아들 덕분에 허기졌던 마음까지 그득하게 채워지는 느낌이다.

누구를 탓할 수 없는 일이다. 간혹 아빠를 향해 “물 정도는 직접 꺼내어 드세요.”하던 아들이다. 아들은 물 한 잔도 손수 해결하지 않고 오로지 그림에만 빠져 있는 화가 아빠를 보며 자랐다. 직장과 가족의 식탁을 책임져야 하는 고달픈 엄마의 삶을 보면서 아들은 많이 느꼈나 보다. 결혼할 연령이 훌쩍 지났건만 도대체 결혼에는 관심이 없다. 어린 시절 바쁜 엄마가 차려주는 부실한 상차림에 허기를 느낀 탓인지 아니면 요리하는 것이 엄마가 없을 때를 대비하여 혼자 살아가기 위한 준비 같기도 해서 만들어주는 요리가 달갑지만은 않다.

음식 끝에 정든다는 말이 있다. 맛난 음식을 마련하여 함께 먹는 사람에게는 마음이 한 발 더 가까워짐을 느낀다. 요리를 하는 것에는 누군가를 위해 헌신한다는 의미가 있다. 직장과 가정살림을 병행했던 나는 간단하고 손쉬운 음식만 후다닥 차리기가 일쑤였다. 언제 한번 느긋이 가족들의 따뜻한 음식을 정성 들여 만들어 본 적이 있나 싶다. 그런 음식도 남편과 아들딸은 내가 만든 음식이 최고라고 추켜세워 주었다. 서둘러 음식을 만드는 순간에도 잊지 않는다. 사랑이라는 양념이 추가되어 가족들의 입맛이 돋우어졌는가 보다. 음식에 엄마가 그리운 까닭도 늘 먹었던 음식 때문이 아닐까 싶기도 하다. 역시 음식은 엄마다.

리모컨만 만지작거리는 삼식이가 되기 싫어 요리를 배우기 시작했다는 지인이 있다. 된장찌개로 시작한 요리 솜씨가 이제는 가족의 호평과 감사를 얻고 식사 준비를 할 때마다 아내의 고충을 이해하게 되었단다. 자신이 만든 요리를 가족이 맛있게 먹는 모습에서 몰랐던 행복을 느꼈다고 했다. 이런 남자가 흔하지 않다. 남편이 요리해준 그 음식을 먹는 즐거움은 어떤 행복일까. 가족을 사랑하는 지인의 애틋한 정성이 느껴져 존경스럽기도 하다.

여자는 남편이 차려주는 밥상에 가장 행복해한다는 말을 들은 적이 있다. 시대를 앞서가는 그림이 남편의 자존감을 세웠지만 그의 남존여비사상은 철저했다. 그가 지인처럼 한 끼 음식이라도 만들었다면 내 육신이 그렇게 팍팍하고 고달프지는 않았을 텐데. 천 번을 다시 태어난대도 그림을 그릴 것이라는 그이다. 다음 생에도 그는 틀림없이 그림에 빠져 있을 것이고, 나 역시 반복되는 생을 마다하지 않을 것 같기도 하다.

그 아비에 어떻게 저런 아들이 태어났을까. 골뱅이 야채무침, 바지락 파스타, 스테이크 등 각종 요리를 만들어 내는 아들 덕분에 입도 몸도 호강이다.

"최 여사님! 이번 주말에는 칼칼하고 시원한 해물짬뽕 드실래요?"

한 옥타브 올라간 아들의 목소리에 마음이 설렌다. 아들은 아직 엄마 전용 요리사다.

맨드라미 60×22

옷장 속 칸나

복합 패션 매장을 둘러본다. 패션을 살피는 외출은 이전 직장에서 다룬 옷의 색상이며 디자인 감각을 유지하려는 내 습관이다. 매장 입구부터 시선을 끄는 코너마다 빨간색과 코발트블루의 옷들이 전시되어 있다. 이런 매장만 보아도 올해는 강렬한 단색이 유행인 걸 알게 된다.

어느 코너에 발길이 닿는 순간 치마에 눈길이 잡혔다. 장미 덩굴 빛보다 더 맑고 밝은 아사 소재의 치마가 나팔꽃 모양으로 플레어가 넓게 퍼져있다. 허리선에 잔주름이 넣어져 입으면 발목까지 치렁치렁 감아줄 만큼 화려한 모양이다. 예전에는 소재와 디자인에 관심이 갔지만 요즈음에는 붉은빛 색조에 가슴이 흔들린다. 한참 제자리에 섰다가 발길을 돌려 다른 코너에 걸린 옷을 보아도 시선은 자꾸만 치마 쪽으로 되돌아선다. 플라멩코 춤을 추는 스페인 무희의 붉고 날씬한 모습이랄까, 걷잡을 수 없는 첫사랑의 마음이 저럴까. 그것보다는 불타는 8월의 태양을 품어버린 칸나꽃이 떠오른다. 언제 저런 열정 같은 생이 내게 있었나 싶도록 홀린 마음이 대책 없이 끌려간다.

동물의 세계에서도 빨간색은 자극적이다. 암컷의 몸에 선홍빛 앵두색이 나타나면 생식력이 높아지는 시기라고 한다. 도롯가에 즐비했던 허름한 술집은 검은 기운이 담긴 장미색 홍등을 걸어 지나가는 남자들을 끌어들였다. 그렇지만 남자들은 흰빛처럼 맑은 색감이 도는 붉은색에 더 매력을 느낀다는 연구 결과가 있다. 그런 색조를 가진 게 칸나라는 생각이 든다. 어쨌거나 지금 내 관심은 칸나 같은 붉은색에 있다.

문인이신 평론가 선생님은 퇴직쯤에서 몇 권의 책을 출간했다. 첫 장을 넘기려는 순간 빨간 셔츠를 입은 모습이 눈에 확 들어온다. 이미지 사진이다. 직분에 쉬 선택할 수 없는 옷을 입으셨다. 붉은 치마 앞에서 망설이는 나와는 다르다. 정열적인 옷의 선택도, 문학의 열정도 거침이 없으시다.

요즘 패션에는 연령 파괴가 끝이 없다. 남녀 구별도 없다. 어린 나이에 지나치게 성숙한 옷차림을 한 학생이 보이는가 하면 나이든 여성들이 젊게 보이려 일부러 눈에 띄는 옷을 입는다. 어색하고 불편해 보이지만 그런 시선과 상관없이 중년 여성들은 화려한 차림을 즐긴다. 옛날 같으면 주책없다 했지만 요즘에는 대담하고 세련되었다고 말한다. 여자가 빨간색을 좋아하면 나이가 들었다는 증거라는 우스개가 있지만 무슨 조화인지 오늘 나는 빨간색에 홀려 버렸다. 나이를 먹을 만큼 먹었건만 나에게 이런 반응이 일어나리라는 생각은 못 했다.

상상 코디를 해본다. 붉은 치마에 디자인이 단출한 브이넥 검은 상의를 입는다. 검은색에 눌려 붉은 색기가 조금 죽는 느낌이다. 이번에는 치마와 같은 소재의 흰 블라우스를 매치시켜 본다. 화사한 흰색에 질세라 치마의 붉은색이 야한 기운을 드러낸다. 아래위로 화려한 컬러가 팽팽하게 맞서는 구도이다. 어디서든 눈에 쉬 띌 것 같다. 옷을 입은 내 모습을 그려보지만 아닌 듯하다.

요란한 나염이나 튀는 컬러에는 관심이 없다. 옷장에 걸려 있는 옷 대부분이 검정이고 여름이면 주로 흰옷으로 입는다. 어쩌다 한 번쯤 다른 색으로 변신해 보지만 입었을 때 단출하고 깔끔한 느낌을 주는 검은색이나 흰색으로 갈아입게 된다.

유월이면 내가 자랐던 고향 마을 큰집 담장 밑에서 빨간 앵두가 탐스럽게 익었다. 하얀 앵두꽃이 빨간 열매로 익어 가면 사촌 동생과 공모하여 어른들 몰래 앵두를 땄다. 흰 치마 앞자락에 붉은 앵두알이 가득 차면 내 얼굴도 붉게 물들었다. 뒤란에 숨어 몰래 먹은 열매도 맛보다 색깔이 오래 기억되었다.

그해도 앵두가 익을 때였다. 건넛집 예뻤던 자야 언니가 유행가 가사처럼 물동이와 호미 자루를 보리밭 이랑에다 내팽개쳤다. 고달픈 섬 생활을 벗어나려고 보따리를 싸들고 야반도주를 했다. 우물가에 물 길러 나온 동네 아줌마들의 입으로 퍼져나간 자야 언니의 소문은 그해의 앵두가 더 이상 열리지 않을 때까지 무성했다. 그런 기억이 남아서일까, 유난히 빨간 앵두색은 내게 무의식적인 그리움이 되었다.

화사한 색깔의 옷을 전혀 입지 않는 것은 아니다. 일주일 몇 차례 산에 오를 때는 좋아하는 색깔의 옷을 입는다. 계절마다 숲의 색과 함께하려는 나는 누구의 눈길도 의식하지 않는다. 봄이 시작되면 연초록 긴 사파리를 입고, 봄꽃이 절정일 때는 화사한 노란 잠바 스타일을 입는다. 해수욕장이 간절해지면 코발트블루 민소매가 좋아진다. 시원하게 보여서 좋다. 가을이면 단풍잎을 닮고 싶다. 눈발이 성글게 내리는 겨울은 따뜻한 느낌을 주는 빨간색 오리털 파카를 입는다. 칼바람이 불어도 그 포근함이 나를 감싸준다. 그러나 시내로 외출할 때는 화이트나 블랙을 주로 입는다. 매번 군때가 묻을까 봐 여간 조심스럽지가 않다.

빨간색 옷을 살피면서 색채에만 관심을 갖는다고 속으로 말해본다. 그런 마음과 달리 빨간 치마를 입고 있는 마네킹 앞에 이미 몸이 다가서 있다. 해가 막힘없이 비치는 날, 마음이 내키면 한번 쯤 입어볼 요량으로 거부하지 못한 척 카드를 꺼낸다. 흑백적의 삼색이 어울리면 내 패션 감각이 여전하다는 걸 알거야. 평소 붉은 옷을 입지 않는 내가 느닷없이 빨간색에 끌린 이유는 바로 그것이야, 라고 다짐해본다.

이미 몇 차례다. 닫았던 옷장 문을 다시 열고 빨간 치마를 손으로 만져본다. 붉은 색감이 빈틈없이 번진 예술 작품인 듯하다. 화가인 아들이 펼치는 개인전 오픈식에 입어보리라 마음을 정해본다. 검고 흰옷을 평소 입더니 대담하게 변한 엄마의 차림에 아들이 당황할 지 모른다. 혹여 갤러리에 내방하는 분들에게 엄마로서 품위가 없어 보일까. 조금씩 조심스러워지면서 마음 한구석이 무너진다. 부담 없는 친구 모임에 입을까 하지만 지금으로는 자신이 없다.

빨간 치마를 입고 전신거울 앞에 선다. 아름다운 여인을 조각한 피그말리온이 그 여인상을 진심으로 사랑하듯이, 한 여인이 붉은 치마를 입은 거울 속 또 다른 여자를 감상한다. 다시 옷을 벗어 걸어둔다.

붉디붉은 칸나꽃이 옷장 속에서만 강렬하게 피어난다.

녹

오래전부터 건축 공법에 관심을 가졌다. 독특하게 세워진 건물을 보면 예술 작품을 감상하듯 바라본다.

엘리트 여자 건축사를 만날 기회가 있었다. 건축에 대해 대화를 나누던 그녀는 자신이 건축한 대표 건물 하나를 소개해 주었다. 건물이 외관에 '내후강판'을 부착한 것이 특징이라 했다.

철판이 공기나 물과 접촉하면 산화작용이 일어나 쇠붙이의 표면에 녹이 생긴다. 녹이 슬면 강판은 더 강하고 단단하게 되어 철이 부식되는 것을 방지한다. 녹이 보호막이 되는 셈이다. 그녀 말에 따르면 녹으로 인하여 새로운 건축 자재로 개발된 것이다. 세월의 흐름에 따라 질감과 색의 변화가 일어나므로 건축물을 보는 사람이 삶에 대한 기억과 건축의 역사까지 간직하게 된다는 설명을 덧붙였다. 내가 알고 있는 녹은 부정적인 이미지여서 생소했던 터라 쉽게 그녀의 설명이 와닿지도 않고 이해도 어려웠다.

부산 사하구 다대동에 있는 '홍티아트'를 직접 찾아가 보기로 했다. 초여름의 정오 햇살이 따가웠다. 인터넷으로 확인된 위치를 표기한 쪽지 하나 들었지만 길에서 헤매게 되었다. 초행길인지라 누구에게 물어보고 싶지만 사람들이 보이지 않는다. 공단 지역에 하릴없이 서성이고 있는 사람은 나뿐이다. 금속 공단에는 개미 한 마리도 보이지 않는다.

유난히 빨리 찾아온 더위에도 아랑곳하지 않는다. 금속 공단에는 여기저기서 온통 쇠 깎는 소리만 요란하다. 도로를 달리는 차들의 엔진 소리도 바쁘다. 대한민국의 강한 경제력이 여기서부터 시작되는 듯 마음 뿌듯함이 느껴진다.

한참을 두리번거리며 걸었지만 안내 표시는 보이질 않는다. 얼굴과 등 뒤로 땀이 난다. 혹시 지나쳐버렸나 왔던 길을 되돌아가기를 수차례 반복했다. 할 수 없이 공장 귀퉁이 허름한 식당으로 들어가 '홍티아트'가 어디 있는지 물었다. 식당 사장님은 친절하게 길이 끝나는 곳에 작은 안내 간판이 있다고 했다. 그 위치까지 더 가란다. 알고 보니 절반의 길에서 찾아 헤맨 것이다.

'홍티아트' 건물이 녹슬어 있다. 6월 햇살을 받아 반짝이는 무성한 초록 나무 잎과 대비된 색조가 더욱 붉다. 강철을 건축 자재로 사용한 발상이 조금 느껴지기 시작했다. 녹이 주는 부정적인 생각과는 완전히 다르다. 건물 외벽을 장식한 붉은 녹은 독특한 분위기를 풍겨낸다. 의미를 부각한 건축가의 능력이 비로소 이해된다. 손바닥으로 쓸어 보니 붉은 녹가루가 묻어난다. 쇠에 슨 일반적인 녹으로 확인된다. 어떤 예술가도 번쩍이는 황금으로도 만들어 낼 수 없는 신비스러운 색채를 띠고 있다. 건물이 잘 조각된 대형 조형 작품 같다.

이름에도 사연이 있다. 공단을 세우기 전에 있었던 홍티마을 이름을 따서 '홍티아트'로 붙였다고 한다. 금속 공단의 딱딱한 이미지를 부드럽게 바꾸면서 지역민들의 문화의식을 높여주고 예술 창작 강의로 어린이들의 꿈을 키워주는 일도 한다. 산업 직원과 향토 주민이 예술 공간 안에서 함께 호흡하고 있다.

내부는 젊은 예술가들의 창작 공간으로 사용되고 있다. 설치미술 중심으로 7명의 입주 작가들이 활동한다. 갤러리에 전시하고 있는 작품들은 주변에서 흔히 사용했던 폐품들이 소재가 되어 작가들의 손에서 예술작품으로 재탄생된다. 보기에 편한 작품도, 눈으로 느낌으로도 이해되지 않는 작품들이 전시되어 있다. 난해한 시를 읽듯 신기하게 보인다.

오르는 계단 옆 벽도 붉은색이다. 2층은 작가들의 창작 공간이다. 방해가 되지 않게 조심스럽게 3층 옥상으로 올랐다. 사방으로 탁 트인 전망이 시원하다. 건너편에서는 낙동강 물이 바닷물과 반갑게 얼싸안고 있다. 공단 조성으로 기능을 잃어버렸지만 한때 활기 넘쳤던 홍티 포구가 좁은 수로 형태로 남아 있다. 포구에는 녹슨 폐선들이 깨어나지 않고 잠을 잔다.

이곳 '내후강판'의 녹과는 완전히 다르다. 한때 저 배도 거친 파도를 넘어 만선의 깃발을 세우고 포구로 돌아왔을 것이다. 그러나 더 오랜 후면 폐선은 서서히 사라질 것이다. 풍어와 바다의 애환을 기억하고 있는 저 포구 파도만 사라지지 않으리라. 폐선의 녹을 바라보는 마음이 찡하다.

사람에겐 녹이란 삭아드는 것을 의미한다. 마음도 문을 닫으면 가슴에 녹이 슨다. 황혼길 인생을 녹슨 인생이라고 말한다. 모든 것은 시간과 더불어 소멸해 간다. 자연이 허용한 것만큼만 살다가 삭아 사라지는 것이다.

하지만 '내후강판'의 녹은 삭아 사라지는 것은 아니다. 녹도 더 단단하게 만들어 주기도 한다. 녹슨 것처럼 서운했던 관계도 풀고 나면 더 친밀해지는 사이로 이루어진다. 힘겨운 삶도 세월을 디딤돌로 삼아 활기찬 생으로 살아가게 된다. 아픔도, 미움도, 상처마저 제 몸 부수는 녹의 아픔을 거치면 비로소 아문다. 붉은 가슴으로 남은 생을 더 단단하게 살아볼 일이다. 온통 삭아 부서져야 상처들도 아물어 가는 것이 오늘 만난 '내후강판'이 내게 남기는 큰 교훈이다.

하루의 녹인 양 어느덧 저녁노을이 홍티 포구 하늘 위를 물들이고 있다.

대물림

영도다리 난간에 선다. 코끝에 와닿는 비린내가 어머니 젖내 같다. 동족상잔의 비극을 간직한 다리는 이미 철거되고 새 다리로 복원 공사 중이다. 다닥다닥 붙어있는 낡은 배들이 폐타이어로 띠를 두르고 호황을 누렸던 한때를 그리며 작은 파도에 흔들리고 있다. 마치 엄마의 정을 뗄 수 없어 떠나지 못하는 듯 보여 마음이 짠하다. 수많은 실향민들이 난간을 부여잡고 굳세어라 금순아를 부른 지도 60년이 지났다. 그들의 아픔에 비하면 티끌만도 못하지만 나 역시 진하게 남겨진 추억을 곱씹는다.

다리 저만치 선자네 아저씨가 밀물에 목말을 타고 오는 듯하다. 여덟 살 때였나 보다. 아저씨는 나무 지게에 작대기를 받쳐놓고 길을 가로막았다. “내가 어제 부산에 가서 영도다리 밑에서 너를 낳아준 엄마를 만났는데 요강에 갱엿을 담아놓고 우리 딸 봤느냐고 물어

남항 100×67 2007

보더라. 어서 가봐라." 내 볼살은 꽈리처럼 부풀어 오르고 눈물이 쏟아졌다. 그러잖아도 언니와 남동생 사이에서 나는 늘 뒷전으로 밀려나던 시절이었다.

언니에겐 언제나 새 옷을 입혔다. 동생에게는 이래저래 내가 양보해야 한다는 이유를 들었다. 어린 마음에도 나는 무엇이든지 잘해서 어머니께 칭찬을 받고 싶었지만, 언제나 미운 오리 새끼였다. 여러모로 종합해보니 자식 중에서 구박을 받아야 하는 이유가 느껴졌다. 선자네 아저씨 말이 맞을 것 같았다. 출생의 비밀이 있다는 생각이 들었다.

그게 사실이라고 느껴지는 순간 너무나 외롭고 서러웠다. 그렇다고 못생기고 더러운 요강에 엿을 파는 엄마를 찾아가는 건 더더욱 싫었다. 감쪽같이 속았던 생각을 하면 울다가도 웃음이 나왔다. 가난에 모두가 휘어지는 시절, 아저씨에게는 나를 놀려 먹는 일이 유일하게 웃는 일이었을까.

영도다리가 지척인 광복동 패션 업계에서 나는 오랫동안 근무했다. 가사와 직장 일을 병행하기란 쉽지 않았다. 퇴근하기 무섭게 시장으로 달려가 찬거리를 사야 했다. 하루 동안 미루어 두었던 일을 정리하고 나면, 또다시 내일 일을 준비해야만 했다. 학교에서 돌아와 엄마를 기다렸던 당시에 초등학교 일 학년 딸아이는 엄마의 정이 그리워 치마폭에 매달리며 칭얼대었다. 일에 지친 나는 만사가 귀찮았다. 어린 마음을 헤아려주기는커녕 "너 자꾸만 칭얼대면 영도다리 밑에 널 낳아준 친엄마 찾아가!" 그 말이 죽도록 듣기 싫었던 것을 장난삼아 아이에게 하고 말았다.

하루는 퇴근을 해오니 아이가 풀이 죽은 채 울고 있었다. 가방도 챙겨 놓았다. 영도다리 밑에 엄마를 찾아가려 하는데 차비가 없단다. 어처구니가 없었다. "엄마를 찾아가다니?" 무심코 던진 돌에 개구리가 맞은 꼴이다. 함부로 뱉은 말에 아이가 받은 상처는 심각했다. 왜 그렇게 생각하느냐는 말에 아이는 조목조목 따졌다. 무엇이든지 오빠랑 차별을 한다는 거다. 솔직히 그랬다. 빵이나 과자를 줄 때도 양이 많은 것을 아들 쪽으로 슬쩍 밀었다. 따지면 오빠에게 대든다고 딸을 나무랄 때가 많았다. 남자 옷이라고 안 입겠다는 아들 입었던 옷을 우격다짐으로 입히지 않았던가. 이런 내 행동을 딸이 마음에 담아놓은 모양이었다. 거기에다 엄마 아빠를 닮지 않았다는 논리까지 펼쳤다.

어른이 되면 내 자식에게만은 결코 하지 않겠다고 맹세했건만, 어느새 나는 어머니를 닮아 있었다. 다급했던 나는 영문을 모르는 남편의 양말을 급하게 벗겼다. 그의 길쭉한 발가락과 유난히 짧은 나의 새끼손가락을 물적 증거물로 내밀었다. 그것도 모자라 "내가 너를 낳았던 산부인과 출생카드도 있다."며 사태 수습을 하느라 한 시간 넘게 진땀을 흘렸다. 딸이라면 그저 미소가 넘치던 남편이 뒤늦게 자초지종을 알게 되었고, 나의 생각 없는 행동을 나무람이 하늘에 닿았다.

그랬던 딸이 결혼을 해서 밤톨 같은 손자를 낳았다. 다섯 살이 된 녀석이 너무 개구지다. 움직이기만 하면 사고를 쳐댄다. 딸이 제 아들에게 하는 말에 나는 깜짝 놀랐다.

"너 자꾸만 말 안 듣고 그러려면 영도다리 밑에 네 엄마 찾아가!"

아동미술 심리학을 전공하여 매사에 FM이건만 그날의 상처가 대물림되고 있었다. 다행히 아직 어린 손자는 영도다리 밑이 무슨 말인지 영문을 모른다. 하지만 자라다 보면 엄마에게 소외당했다고 생각이 드는 날, 이 녀석이 혹시나 어릴 적 제 엄마가 말했던 영도다리 밑을 생각할까 봐 불안하기는 하다. 나는 딸을 멀뚱하게 바라만 보았다. 딸도 멋쩍게 웃고 있다.

크고 작은 배들이 물살을 만들며 느리게 혹은 빠르게 오간다. 밀물과 썰물이 교차하듯 인생 또한 그렇다. 추억은 빛이 바래도 여전히 아프면서도 아름답게 느껴진다. 열 손가락 깨물어 안 아픈 손가락이 어디 있느냐고, 홀로 감당해야 했던 고달픈 삶을 넋두리하시던 어머니도, 요강에 갱엿 담긴 선자 아저씨의 짓궂었던 놀림도 다시 보고 들을 수 있었으면 좋겠다.

정 72.0×32.0 2001

정 72.7×32.0 2008

오월을 기다리며

베란다 비파나무가 하얀 꽃을 피웠다. 대부분의 과일은 봄에 꽃을 피워 여름에는 열매를 키우고 가을에 결실을 맺는다. 비파는 모든 과일이 결실을 거둬들인 뒤에야 몽우리를 만들어 겨울꽃을 피운다. 이듬해 보리가 누렇게 익는 오월이 되어야 비파나무 열매도 노랗게 익는다.

심어 오 년이 지나야 비로소 열매를 맺는 것이 비파나무다. 주인의 무관심이 원인이다. 정성을 들여 거름을 준 적도, 넉넉한 화분으로 분갈이도 해주지 못했다. 베란다에 갇혀 비 한번 흡족하게 맞은 적도 없었다. 간간이 물만 주었을 뿐이다. 영양 결핍 상태로 몸체는 약하다. 작은 화분에 뿌리를 내리고 꽃 한번 피워보지 못한 신세다. 출산을 할 수 없는 불임 여성 같다.

결혼한 여성이 임신이 늦어지면 몸 상태를 살피게 된다. 의학이 발전한 요즘에는 검진으로 도움을 받는 시대다. 하지만 베란다 비파나무는 강인한 인내로 스스로 20년 만에 꽃을 피웠다. 열매를 달지 못하는 나무라는 그 오명을 벗어나려 한다. 무심했던 나에게 보란 듯 오기라도 부리는 건지.

오래전 비파나무는 도시에서 보기 힘들었던 때였다. 지인이 귀한 비파를 줬다. 새콤달콤한 감미로운 맛은 여전했다. 어릴 때 고향 집 비파를 먹는 듯하여 씨조차 버리기 아쉬웠다. 베란다 화분에 올려놓았다. 그리움에 젖어있는 내 마음을 알았다는 듯 비파 씨가 발아되어 나무로 성장했다.

어릴 적 우리 집에는 생전에 아버지가 심은 과일나무가 많았다. 감나무, 청포도, 석류, 유자, 살구 등이 집을 둘러싸고 있다. 지금은 농가 소득으로 비파나무가 많이 재배되고 있지만, 그 시절 동네에는 우리 집에만 비파 악기를 닮아 비파라 이름 지어진 과실나무가 있었다. 보리가 누렇게 익는 오월 즘이면 실한 노란 열매 송이를 풍성하게 달았다.

비파가 익을 때에는 아예 나뭇가지에 걸터앉아 살았다. 비파를 따 입에 넣으면 달콤한 맛과 넉넉한 과즙에 마음까지 사르르 녹게 만든다. 길가에 위치한 집이라 지나가는 사람들의 눈길을 잡아 군침을 삼키게 했다. 과일 도둑들의 당연한 밤 문화로 치부했던 시절이어서 낮에 먹음직한 과실을 눈여겨보았던 동네 처녀총각들이 밤이 되면 비파나무를 습격하기도 했다.

비파나무는 열매, 씨, 잎, 줄기, 뿌리가 한약 재료로 사용된다. 비파나무가 자라는 집에는 아픈 사람이 없다는 말이 있다. 비파나무 한 그루가 집에 있으면 의사가 있는 것과 맞먹는다고 한다. 나무 두 그루가 있는 우리 집에는 의사 두 사람이 가족 건강을 지켜주었던 셈이다. 차로 마시면 암을 예방하고, 질병의 통증을 감소시켜줄 뿐만 아니라 만성기관지염이나, 여러 종류의 성인병을 낫게 해주기도 한다. 비타민 C가 풍부하여 미용에도 효과가 있다. 덕분인지 우리 가족들은 모진 병에 걸리지 않고 지냈다. 하지만 정작 비파나무를 심은 아버지는 나무가 자라 열매를 맺기 전에 돌아가셨다. 예측이라도 하셨나, 가족 건강을 염려하여 이런 나무를 심었던 것일까.

옛 고향 집 비파나무가 서 있는 담장 밑에는 늘 햇살이 넉넉했다. 예쁠 것도 없는 수더분한 비파꽃마다 벌들이 날아들었다. 꽃자리를 차지하고 꿀을 빨아먹는 벌들의 소리가 요란했다. 겨울에 핀 비파꽃은 모진 엄동설한을 견뎌낸다. 그나마 모피 같은 갈색 털옷이 포근하게 감싸고 있어 얼지도 않고 열매를 키울 봄을 기다린다.

15년을 하던 꽃꽂이를 한순간에 접었다. 진, 선, 미로 틀을 잡고 아름답게 표현해 보지만, 자연에서 피어나는 꽃만 할까 싶었다. 일주일 즐기자고 꽃줄기를 꺾는 것도 잔인하다는 생각이 들었다. 땅에 뿌리를 내리고 마음대로 가지를 뻗어 자연스럽게 꽃을 피웠을 때가 가장 아름답게 느껴졌다. 화려했던 꽃이 시들어가는 초라함도 싫었다. 무엇보다 꽃 한 송이 사주지 않았던 남편도 그리 섭섭해하지 않았다. 베란다에는 잎이 푸른 사철나무만 두었다. 행운목, 고무나무, 소철, 관음조, 돈나무 등이다. 꽃을 피우지 않아도 좋았고, 열매도 원하지 않았다. 비파나무의 크고 넓은 초록 잎으로 좋았다.

베란다 비파나무가 일찍이 양지 바른 정원 넓은 집에 심어졌더라면 몸피도 우람하고 하얀 겨울꽃도 풍성하게 피웠을 것이다. 진즉부터 실한 노란 열매 송이도 탐스럽게 익었으리라. 그런 생각에 베란다 비파나무가 안쓰럽기도 하고 정성 들여 가꾸지 못한 마음에 후회만 가득하다.

자주 다니는 성지곡 수원지 입구에 아주 큰 비파나무 한 그루가 서 있다. 사철 수원지는 많은 사람이 드나드는 곳이다. 며칠 전에 본 그 나뭇가지마다 꽃 몽우리를 달고 겨울꽃을 피우려 하고 있다. 정작 사람들은 비파나무 꽃이 피건, 열매를 맺든, 노랗게 익어가든 무심하게 지나친다. 하지만 난 그렇게 할 수 없다. 지난봄에도 풍성하게 열매 송이를 맺은 것을 저 사람들은 기억이나 할까.

그리웠던 옛 친구를 만난 듯 반갑기만 한데, 같이 가던 친구는 비파를 전혀 몰랐다. 아무런 느낌이 없다는 표정이다. 사람이 먹을 수 있는 열매냐며 되묻기만 한다.

수원지에서 비파나무를 보고 온 날은 마음이 조급해진다. 손자를 임신한 딸을 챙기듯 영양분도 챙겨주며 하루에도 몇 번을 베란다로 향한다. 오늘은 비파 몽우리가 몇 송이 꽃을 피웠을까. 고층인지라 벌이 날아 올 리는 없지. 넉넉한 내 사랑을 전해볼 요량으로 꽃가루를 수정受精할 부드러운 붓도 챙겨 들었다.

비파나무가 초산의 고통을 잘 견뎌 내기를 바라본다. 봄이 되면 나의 베란다 비파나무가 노란 열매를 출산해내려나. 오월이 기다려진다.

탯줄

손녀가 세상에 태어난 지 열흘쯤이다. 배꼽에 달려 까맣게 말라가던 탯줄이 떨어졌다. 아기의 일부이자 딸의 일부였던 탯줄은 생명이 시작된 순간부터 하나로 연결된 떼려야 뗄 수 없는 사이다.

인간의 생명은 태로부터 출발한다. 더욱이 엄마와 태아를 이어주는 탯줄은 의미가 있고 귀하게 여겨 옛날부터 지금까지 함부로 버리지 않는다. 민가에서는 땅에 묻기도 하고 태워서 강물에 띄워 보내기도 했다.

나는 어릴 때 바닷가 마을에서 자랐다. 어른들은 아기를 출산하면 태를 볏짚으로 싸매고 새끼로 묶어 돌을 매달아 조심스럽게 바다 깊은 곳에 던지는 것을 보았다. 바다 깊이가 얕아지는 썰물 때면 물밑에 가라앉아 있는 탯줄이 간혹 보이기도 했다.

전국 최대의 태실 유적지인 성주 '세종대왕자태실'에 갔다. '성주'라면 꿀맛 같은 참외로 유명한 곳인 줄 알았는데 왕실이 자손을 출산하면 그 태를 봉안한 태실이 있다는 사실을 처음 알았다. 봉안된 자리는 인간이 자연에 머무는 듯 편안해 보인다. 높은 산으로 둘러싸여 있고 주변에는 소나무가 빙 둘러 서 있다. 태실 쪽으로 가지를 뻗친 소나무에서는 범상한 기운이 뿜어져 나오는 것 같다. 왕실 자손들의 태를 봉안한 명당 중의 명당이라서인지 그 기가 눈으로, 느낌으로 전해진다. 이곳을 다녀가면 맑고 힘찬 기운을 가득히 받아 임신이 잘되며 건강하고 훌륭한 아이가 태어난다는 속설이 전해져 온다고 한다. 해설자의 설명이 멋 말이 아닌 듯싶다. 세종적서 18왕자의 태항이 나란히 모셔져 있고, 조금 떨어졌지만 왠지 멀게만 느껴지는 곳에 비운의 단종 태항이 외롭게 자리하고 있다. 그곳을 바라보는 마음이 애잔하다. 세월을 견뎌온 석물들을 보는 순간 600년 전 시간 속으로 빠져들었다.

조선 왕실은 먼 곳 성주까지 명당자리를 찾아서 태실을 만들었다. 왕실은 그들의 대가 끊어지지 않고 영원하기를 바라는 간절함으로 석실을 만들어 왕자들의 태를 봉안하는 태실을 만들었나 보다. 수양대군의 즉위를 반대했던 다섯 왕자들의 석물은 파괴된 채로 그때의 피비린내 나는 왕실의 모습이 고스란히 짐작된다. 파손된 석실은 연꽃잎이 새겨져 움푹 팬 받침만 남아있다. 줄지은 석물들이 세차게 내리는 빗줄기를 맞고 서 있다. 파인 받침에도 빗물이 흥건하게 고인다. 억울하게 죽은 왕자들의 슬픈 눈물인 듯 쓸쓸하다.

요즘 젊은 엄마들은 참 야무지다. 아기의 성장 과정에 사용했던 모든 것들을 기념으로 소중하게 간직한다. 태아의 생명줄인 탯줄로 도장을 만들기도 하고 태어나 처음 입었던 배냇저고리와 함께 액자를 만들어 장식하는가 하며, 예쁜 보관함에 넣어둔다. 먼 훗날에 부모가 자식에게 남겨주는 유산으로 이보다 더 귀하고 소중한 것이 있을까 싶다.

아이들이 출산 후 나는 태를 별 의미 없이 무심히 버렸다. 태실을 보는 순간 자식에 무심했다는 생각이 들어 가슴이 비에 젖은 옷처럼 후줄근해지는 것 같다.

몇 해 전, 탯줄을 냉동은행에 보관한다는 이야기를 들은 적이 있다. 보관 비용이 일반인에게는 부담스러워 아무나 할 수 없다고 했다. 현대 의학에서는 '제대혈'이라는 이름으로 다양한 난치성 치료제로 개발하는 연구가 활발하게 이루어지고 있다. 탯줄을 냉동 보관했다가 백혈병이나 척추 마비, 신경계 손상, 간경화, 파킨슨병, 당뇨 등 다양한 난치성 치료제로 개발한다. 탯줄이 희망이 꺼져가는 누군가에게는 생명줄이 될 수 있다는 것이다.

자식이란, 뱃속에서 탯줄로 내 모든 것을 부여받은 분신이다. 간혹 육신의 고통이 힘들다고 느껴지는 일은 자식일지라도 냉정하게 거절한다지만, 탯줄로 이어진 부모 자식 사이보다 더 귀한 것은 세상에 아무것도 없다는 생각에 자식 일이라면 언제든지 불나방처럼 뛰어들 기세다.

딸의 산후조리를 두 달 간 해주었다. 도우미 역할은 만만치 않다. 산모 음식 챙기랴, 신생아 목욕에 개구쟁이 첫째 치다꺼리에, 동생에게 빼앗긴 엄마 품을 차지하겠다고 징징거리는 둘째 돌보랴, 빨래는 몇 번을 돌려도 끝이 없다. 딸에게 내색 못하는 몸은 만신창이가 되었다. 그래도 나에게서 딸로 해서 손녀로 이어지는 탯줄의 힘이 나를 버텨내게 했다. 육신은 고통스러워도 마음이 기쁜 이유다. 자식을 향한 애정은 영원히 자를 수 없는 마음의 탯줄이 아닌가.

부산으로 돌아온 후, 손녀가 하루가 다르게 변해가는 모습이 궁금하다. 이런 엄마를 위해 딸은 사진과 동영상을 카톡으로 전해준다. 휴대폰을 열어보는 즐거움이 쏠쏠하다. 손녀의 생명을 유지하던 탯줄은 떨어졌지만 이제는 엄마의 젖줄로 토실토실 살이 오르고 얼굴 윤곽이 또렷해지고 있다. 목욕하는 동영상에는 탯줄이 떨어진 배꼽이 반달처럼 예쁘다. 옹알이에 환하게 웃기도 한다. 손녀 사진을 보고 또 보면서 나도 따라 웃고 있다.

밤낮없이 딸의 산후조리를 해줄 때는 몸이 고되었다. 두 달 동안 목을 가누지 못하는 아기를 안는 것도 여간 힘들지 않았다. 지금은 카톡으로 보내 준 손녀 사진을 보며, 몸이 편하다고 마음까지 편할 수는 없다. 이런저런 간섭 문자를 보낸다. 카톡 산후조리 도우미는 일 년 넘게도 해줄 것만 같다.

시도 때도 없는 카톡 소리가 반갑다. 그동안 힘들었던 시름들이 녹아 버린다. 살아오면서 고통스러운 일이나 기막히게 슬펐던 일이 얼마나 많았는가. 내가 언제, 이처럼 가슴이 벅찬 일이 또 있었나 싶다. 세상 모든 행복이 지금 내 가슴속에 가득한데, 그런 생각을 하다가도 털어 버리고 돌아온 것이 딸에게는 미안하기만 하다.

손녀 배꼽에서 떨어진 마른 탯줄을 소중하게 포장하던 딸의 손길을 떠올려본다. '세종대왕자태실'이 왕가의 번영과 맑은 기운이 영원히 이어지기를 바랐듯이, 엄마와 탯줄로 이어져 세상에 태어난 예쁜 손녀가 아무 탈 없이 맑고 건강하게 자라기를 염원해본다.

정 72.0×49 2008

큰형님 요강

큰형님이 이사하는 날이다. 오래 묵은 물건들은 웬만하면 버리고 새 아파트에서 단출하게 사시라고 신신당부를 해두었다. 하지만 이삿짐을 풀어보는 순간 내가 시집와서 큰집에서 처음 보았던 오래된 그릇들이 고스란히 드러난다. 갖가지 크기의 유리컵, 묵은 기름때가 묻어 있는 접시, 변색된 플라스틱 반찬 용기, 낡은 냄비들이 쏟아져 나온다. 그런데 큰형님은 널브러진 짐들을 헤치며 무엇인가를 찾고 있다. 분명히 챙겨 넣었는데 보이지 않으니 답답하신가 보다.

낡은 물건들을 챙겨 온 것을 마땅찮게 여기던 참인데 큰형님이 찾는 것은 요강이었다. "아파트에 무슨 요강이 필요하세요. 문 열면 화장실인데." 큰형님을 이해할 수 없는 터라 셋째동서와 한참 웃었다. 화장실 출입 때마다 변기 물을 쓰면 수도세가 많이 부과될 것을 염려하신 형님은 하루 동안 요강에다 볼일을 보고는 한꺼번에 물을 내릴 요량이었다. 큰형님이 유별나게 아끼고 절약하는 버릇은 이미 알고 있었지만 이 정도까지인 줄은 알지 못했다. 큰형님은 현대판 자린고비였다.

요강을 보니 떠오르는 사람이 있다. 어린 시절, 하루는 한 친구 집에 모여 공부도 할 겸 한밤을 같이 보내기로 했다. 모인 친구들의 수다는 밤새도록 끝이 없었지만 밤에 바깥에 나가는 것이 무서워 모두 요강에 볼일을 보았다. 소리마저 각자의 개성만큼 다른 리듬으로 들려 즐겁기만 했다. 문제는 다음날에 일어났다. 친구 아버지가 아침에 귀가한 친구를 밖으로 내쫓았다. 비싼 밥 먹여 놓았더니 남의 집에 오줌을 누어 그 집에 거름을 보태어 주었다는 게 이유였다. 그때는 오줌도 농사에 중요한 거름이었다. 검소 검약이 몸에 밴 '짠돌이' 별명이 붙은 친구 아버지는 거름이 되는 오줌 한 줄기도 소중하게 여긴 것이다.

그때는 집집마다 요강이 있었다. 화장실이 먼 곳에 있는 이유가 있었지만 식구가 많은 경우에는 요강이 두세 개까지 있었다. 집안에 노약자가 있을 때는 요긴한 변기였다. 아마도 최초의 이동식 화장실이지 싶다. 놋쇠요강이나 사기요강이 대부분인데 우리 집에는 사기요강을 사용했다. 하얀색 요강에 파란 모란꽃 위로 나비 두 마리가 날고 있다. 쭉 뻗어 날렵한 난 잎도 그려진 예술 작품이다. 그 시절 시집가는 신부가 꼭 챙겨야 하는 중요한 혼수품이기도 했다. 부엌일을 마치면 엄마들은 아침에 씻어놓은 요강을 방으로 들여놓아야 하루일과가 마무리되었다.

스테인리스 요강은 이삿짐에 섞이지 못하고 베란다 구석진 곳에 숨겨진 듯 놓여 있다. 오랜 세월 아픔을 함께했던 주인의 모습처럼 요강도 본래의 빛을 잃고 회색빛이 되어 있다. 외아들의 짐이 되지 않겠노라는 큰형님의 각오만은 완강하여 서울 아들집에 한번 다니러 가는 것조차 조심스러워 한다. 베란다에 자리하고 있는 요강의 모습이 큰형님처럼 외롭고 슬프게 보인다.

술과 농악에 빠져 가정에 소홀했던 시아버님 대신 큰아주버님은 일찍부터 맏이로서 책임을 다했다. 소방서 공무원으로 여섯 동생들 교육 뒷바라지까지 하다 보니 아끼고 절약하며 사는 것이 몸에 배인 듯하다. 제삿날 가족들이 큰집에 모일 때면 셋째아주버님은 투덜대면서 꺼놓은 형광등을 켜고, 보일러 온도를 올리기에 바쁘다. 뒤를 이어 큰아주버님은 바로 스위치를 끄신다. 집안의 제일 큰어른으로 오로지 본인의 주장만이 옳고 바르다고 여기신다. 누구도 그 앞에서는 입을 다문다. 쥐 잡듯 하셔도 대항 한번 못하시는 큰형님, 저런 분과 어떻게 평생을 살아 왔을까 싶다가도 두 분이 마음을 모아 아끼고 절약하는 모습을 볼 때면 그때만큼은 완벽한 천생연분이 없다고 여겨진다. 궁상을 떨 정도의 경제력이 없는 것도 아닌 듯한데 두 분의 변함없는 자린고비 정신만은 지금껏 이어진다.

이삿짐을 정리해주고 늦은 시간에 집으로 돌아왔다. 먼지가 묻은 옷을 벗어 세탁기에 돌렸다. 용변 후 변기에 물을 내리려는 순간이다. 큰형님의 절약 생활이 생각난다. '물을 아끼면 용왕님이 돌봐주니 수돗물을 아껴라.' 는 생전 엄마의 당부도 떠오른다. 우리나라도 유엔이 정한 물 부족 국가다. 그것을 실감하지 못하는 나는 지금까지 아무런 생각 없이 물을 펑펑 쓰고 살았다.

칠 남매 중 늦둥이 막내며느리를 귀엽게만 여겨 주시던 시부모님보다, 세 분 동서와 세 분의 시숙님이 더 어렵기만 했다. 잘못하면 흉이 될까 봐 노심초사했다. 집안일이 있으면 입을 다물고 열심히 설거지했다. 이제는 세월이 흘러 형님들 앞에서도 내 주장은 펼 수 있는 간 큰 막내동서가 되었다. 내 귀에 요강을 가져와야 했던 이유를 부끄러운 듯이 귓속말하시던 큰형님. 맏며느리의 힘든 삶을 온몸으로 감당하며 살아야 했던 알뜰함이 옹이처럼 박혀 있다. 이제는 몸도 마음도 약해졌지만 아직도 아끼고 절약하는 것만은 흔들림 없는 철칙으로 삼고 있다.

여든두 해를 살아온 끝자락의 삶이다. 여유로운 주부와 아름다운 여자로 살고 싶은 마음을 어떻게 억제하고 사셨을까 싶다. 하루에 한 번만 변기 물을 내릴 큰형님이 생각나서 쉽게 물을 내리지 못한다. 한참 변기만 바라보고 서 있다.

죽녹원에서

떠날 이유는 충분하다. 폭우가 쏟아지는 이미지와 연관지어 '레인 페스티벌'이란 주제로 아들 작품전을 마친 다음날이다. 일박으로 가까운 곳이라도 다녀오자고 했다. 그동안 아들은 작품 준비로 밤을 꼬박 새우는 날이 많았다. 전시를 하는 일주일 동안 지켜보는 가족들도 몸과 마음이 긴장되었다. 다행히 많은 분이 아들만의 예술적 기법을 높이 평가해주어 개인전은 성공적으로 마쳤다. 더위도 피할 겸, 또 새로운 작품을 위한 스케치 여행이기도 하다.

올여름은 유난히도 덥다. 더위에 지친 도시 사람들은 시원한 계곡과 바다로 휴가를 떠난다. 도로에 막힌 차들로 열기를 토하니 여름이 더욱더 무덥다. 출발할 때 흐렸던 날씨는 함안으로 접어드는 순간 비가 양동이로 들이붓듯 쏟아진다. 달리는 차 윈도에 바빠진 와이퍼가 두 팔을 휘젓는다. 흘러내리는 물살 앞으로 설핏설핏 얼룩진

폭우 162×130 oil on canvas 2010

또 다른 환상의 세계를 본다. 아들의 작품이 윈도 앞에서 갖가지 구도로 전시회가 펼쳐진다. 모처럼 쏟아지는 빗속을 달리는 기분은 시원하지만 빗길이라 마음은 불안하다. 비는 잠시 멎었다. 담양 죽녹원으로 차를 몰았다.

대숲에 들어선다. 침침하고 후텁지근하다. 비는 왔다, 그치다를 반복한다. 몸통이 유난히 굵은 대나무들이 빽빽하게 서 있다. 잎들이 서로 엉켜 하늘을 가린다. 다시 굵은 빗줄기가 쏟아진다. 댓잎에서 모인 물이 우산 위에 떨어지는 소리가 유난히 크게 들린다. 사람 중에는 자신이 다녀간 흔적을 남기고 싶었나 보다. 대나무에 글자들을 새겨 놓았다. 예리한 도구를 사용한 것 같다. 몸통의 상처를 바라보는 마음이 언짢아진다. 싱싱해야 할 댓잎이 누렇게 탈색되어 있다. 대나무도 찾아오는 사람들에 지쳤나 보다.

촉촉이 젖은 진한 대향이 그윽하게 퍼진다. 아들은 대숲 여기저기 작품 구도를 잡아 보고 카메라 셔터를 누르느라 바쁘다. 도열한 푸른 군인들의 호위를 받는 듯 가파르지 않은 길을 느긋이 걷는다. 떨어진 숲속에서 나를 찾는 아들 목소리가 들린다. 음습한 숲에서 혼자 있다는 무서운 느낌에, 작은 누야! 어딨노? 다급히 누나가 가까이 있다는 것을 확인해보는 동생의 목소리로 들린다.

어린 시절 마을 언덕에는 시누대가 많았다. 시누대는 마디가 없다. 제일 매끈한 대를 잘라 와서 양지바른 마루 구석에 앉아 남동생 연을 만들었다. 쪽을 낸 댓살을 무릎 위에 올려놓고 무딘 부엌칼로 골고루 훑게 되면 매끈한 댓살이 만들어진다. 잘 접은 문종이 가운데에 동그란 구멍을 뚫고 연의 중앙에 태극무늬를 그려 넣는다.

가마솥 뚜껑을 열면 밥그릇에 밥이 담겨 있다. 한 숟갈 떠 한지에 싸서 쥔 왼손에 댓살을 찔러 넣고 아래위로 올렸다 내리면 풀칠이 된다. 위쪽을 접어 꺾어진 곳에부터 풀칠한 댓살을 가로세로 붙인다. 어머니 몰래 반짇고리에서 무명실을 꺼내어 댓살이 붙은 모서리마다 실을 매어 중심을 잘 잡는다. 이렇게 해서 방패연이 만들어진다. 가오리연도 만들었다. 가오리연의 포인트는 가운데 꼬리의 길이에 있다. 추운 겨울 동생과 얼레를 잡은 언 손을 입김으로 호호 불면서 연을 날린다. 내가 만든 연이 하늘 높이 올라 새처럼 날고 있는 모습은 정말 신기했다. 가오리 머리를 따라 꼬리가 춤추듯 움직임은 정말 예술이다.

이처럼 동생을 위해서는 무엇이든 다할 수 있었다. 그렇게 애지중지 사랑하던 동생은 줄 끊어진 연처럼 바람에 밀려 먼 곳으로 떠나고 말았다. 죽녹원 대나무 우듬지를 올려다본다. 울창한 댓잎 사이로 회색 구름이 걸려 있다. 옛날에 놓쳐버린 연이 대나무 끝에 걸려 있다. 가지에 발이 묶이고 날개가 찢어져 날 수 없는 가오리연을 보는 듯하다.

숲 사이로 이름이 붙여진 길들이 있다. 그 이름의 의미를 생각하면서 천천히 걸어간다. 고향 안골에도 넓은 대나무 숲이 있었다. 대숲은 초록이 짙다 못해 검은색에 가까웠다. 싱싱한 대나무가 너무 울창해 낮에도 숲 안은 어두컴컴했다. 바람이 불면 댓잎끼리 비벼대는 쏴아아 소리가 몸과 마음을 오싹하게 만들었다. 금방이라도 검은 물체가 등 뒤에 나타나 목덜미를 잡고 대숲 안으로 끌고 갈 것만 같았다. 그곳을 지날 때는 시선을 반대쪽으로 돌리고 정신없이 죽기 살기로 뛰었다. 마음은 무섭고 초조한데 이슬에 젖은 하얀 리본 고무신은 왜 그렇게 잘 벗겨졌던지.

나는 어릴 때 허약하고 자주 아파서 어머니 속을 많이 태웠다. 약도 의료시설도 부족한 시절이었다. 온갖 좋다는 조약은 다 구해서 써봤지만 효과는 없었다. 어머니는 무당 할머니를 불러서 굿을 했다. 찬물에 목욕을 한 어머니는 싱싱한 푸른 대나무를 준비했다. 초저녁부터 북과 꽹과리 소리가 온 동네에 울려 퍼지면 별 구경거리가 없던 시절인지라 동네 사람들이 다 모여든다. 무당 할머니가 대나무를 잡고 주문을 외우면 댓잎이 사시나무처럼 떨기 시작한다. 무당 할머니는 돌아가신 할머니로 변하여 어머니를 심하게 나무랐다. 다음에는 얼굴도 기억할 수 없는 아버지 신이 와서 어머니를 울린다. 어머니는 죄인이 되어 무릎을 꿇고 무당 할머니가 휘두르는 대나무에 맞으면서 무엇을 잘못했는지 두 손을 싹싹 빌고 있었다.

그때 국민학교 선생님은 굿은 미신이니 믿어서는 안 된다고 가르쳤다. 하필이면 바로 학교 앞이 우리 집이다. 이렇게 동네가 요란스럽게 굿을 했으니 창피한 생각에 아픈 배가 나아서 학교 가면 선생님과 친구들 볼일에 걱정이 태산 같았다. 굿을 한 다음날 집에 누가

들어오면 부정 탄다고 대문에는 대나무 작대기를 가로 질러 놓았다. 신기하게도 아팠던 배가 나았다. 나쁜 액이 다 물러가서 아픈 딸이 나았다고 어머니는 굿을 해준 무당 할머니를 무조건 맹신했다. 왜 그렇게 자주 아파서 고달팠던 어머니를 더 힘들게 했는지 모르겠다. 지금 생각해 보니 믿기는 뭣하지만 그때 굿을 하던 순간 절실하게 흔들리던 대나무가 일으킨 바람 탓인가 싶기도 하다. 하지만 역시 어머니의 간절한 정성 때문이 아니었나 싶다.

죽녹원에 바람이 분다. 신들린 나무처럼 대나무 잔가지가 흔들리고 있다. 먼 옛날에서 헤매던 정신이 번쩍 돌아왔다. 순간 나는 지금 멀리 떠나와 있다는 사실을 깨닫는다. 빽빽하게 서 있는 대나무 위를 쳐다본다. 바람이 불어도 꺾이거나 휘어지지 않고 하늘 향해 쭉쭉 잘도 뻗었다. 아들 작품도 거칠 것 없이 명성을 쭉쭉 뻗어 올라갔으면 하는 마음이다.

2부 그립고 그립고 그립다

해바라기 65×65 2011

큰아버지 꽃밭

태종사에 들어섰다. 영도 끝자락에 자리한 절로 들어가는 길목부터 스님의 카랑하고 맑은 염불 소리가 울려 퍼진다. 염불 소리를 자양분으로 자란 형형색색의 수국이 줄지어 있다. 꽃밭을 조성한 도성 스님은 해마다 6월이면 수국 축제를 연다. 찾아온 손님들이 부처님의 자비를 한가득 담아 가기를 바라는 큰 뜻을 담은 행사이다.

장맛비가 잠시 주춤거린다. 벼랑을 타고 놀던 안개가 일순간 달려와 온몸을 감싸 안으며 반긴다. 잠시나마 내가 수국이 된 기분이다. 내 몸을 스친 바람이 꽃밭 사이로 빠져간다. 거제도가 품고 있는 섬 칠천도 큰집에 해마다 피던 수국이 환생하듯 향기를 뿜는다. 사람이 꽃이고 꽃이 사람이 된다면 천상이나 천국이 따로 없다. 칠천도 수국과 영도 수국도 인연이 있어 어울리는가 보다.

내가 수국을 처음 본 것은 초등학교 일학년쯤이다. 큰아버지가 계시는 집 정원을 지나 작은 연못 돌다리를 건너면 많은 꽃들이 피어 있었다. 처음 본 수국은 작은 흰나비, 파란나비, 자색나비, 노랑나비들이 떼를 지어 뭉쳐 날갯짓을 하고 있는 것처럼 보였다. 날이 갈수록 여러 가지 색으로 변하는 것이 신기했다. 큰아버지는 다른 꽃보다 수국에 많은 애정을 쏟았다.

수국 향기를 강물 삼아 연어처럼 거가대교를 지나 어린 시절로 돌아간다. 큰아버지는 어찌해서 그 시절에 귀한 수국을 구해서 꽃밭을 만드셨을까 궁금했다. 또래의 사촌과 자주 그 꽃을 보았다. 어떤 줄기는 유난히 큰 꽃송이를 머리에 이고도 휘어지지 않았다. 오랫동안 시들지도 않고 변함없이 아침마다 꽃빛을 뿜어냈다. 일곱 가지 색으로 변해간다는 것도 큰아버지가 일러주어 알게 되었다. 자줏빛 꽃술 때문인지 모르나 수국을 보러 자주 빨강 철 대문을 넘나들었다.

큰아버지의 정원 꾸미는 능력은 이웃 동네까지 소문이 자자했다. 등나무로 둥근 아치를 세우고 이른 봄 매화와 목련꽃을 시작으로 노란 꽃을 달고 낭창하게 휘어지는 황매화가 피면 백장미가 다음 순서를 기다렸다. 붉은 줄장미를 심어 5월에는 붉은 꽃 터널을 만들었다. 봄이 깊어지면서 선인장도 귀한 꽃을 피운다. 늦여름 앉은뱅이 채송화꽃이 시들할 즈음, 닭 볏 모양의 맨드라미가 얼굴을 붉히고, 노란 해바라기 큰 얼굴이 새까맣게 타들어 가면 가을로 접어든다. 그 무렵에는 여러 종류의 국화꽃이 향기를 풍긴다. 큰아버지 꽃밭에는 계절마다 내가 기억도 못하는 향기와, 모양도 가지각색인 꽃이 가득했다. 꽃집으로 명명되면서 이웃 동네 사람들이 일부러 꽃구경을 하러 왔다. 꽃집 앞 아름드리 곰솔나무 그늘에는 마을 어른들의 쉼터가 되었다.

큰아버지 손에는 농기구보다 꽃삽이 늘 들려 있었다. 봄비가 내리는 입춘이 지나면 동네 사람들은 모내기 준비를 위해 삽과 괭이를 들고 논물을 가두느라 바빴다. 큰아버지는 그때에도 꽃삽과 꽃모종을 들고 마을 곳곳을 다니며 수국과 코스모스와 만국화를 심었다. 농번기여서 마을 어른들이 핀잔을 주었건만 큰아버지는 아랑곳하지 않았다. 참다못한 큰엄마는 울화통을 폭발시켜 한바탕 싸움을 하곤 했지만 가을이면 마을은 꽃동네가 되었다. 그때 동네 사람들은 옛 핀잔을 잊고 흐드러지게 피어 있는 꽃구경을 하기에 바빴다. 어쨌든 온 마을이 큰아버지의 화원이었다.

수국 꽃말이 변덕, 바람둥이라 한다. 변하는 외향에 가려 수국의 본성本性을 알지 못했다는 게 지금 생각해도 아쉽기 그지없다. 자세히 바라보면 진심을 다해 색깔을 만들어 내고, 작은 꽃들이 다정하게 모여 큰 송이를 만든다. 수국의 은은한 사랑이 느껴진다. 큰아버지도 정원에 수많은 꽃을 피웠지만 꽃의 깊은 의미는 느끼지 못하고 꽃의 화려한 외향만을 좋아했을까.

정작 큰아버지에게는 꽃인 딸과 조카인 나에게는 무심하셨다. 일찍 아버지를 여의고 오롯이 남아버린 어린 조카들이 안쓰럽지 않았

수국 25.8×25.8 1998

흰장미 45.5×45.5 2007

동백 33.3×33.3 2009

나 보다. 무엇보다 큰아버지 사랑이 필요했건만 관심 밖의 처지가 된 것이 나도 모르게 큰 아픔이었다. 큰아버지에게는 꽃보다 못한 존재였다. 꽃 가까이 가면, 꽃은 멀리 떨어진 곳에서 보는 것이라며 크게 야단도 치셨다. 나는 큰아버지 마음에서 멀리 떨어진 조카라는 생각을 좀처럼 지울 수가 없었다.

지난가을 모처럼 오빠를 따라 거제에 있는 가족 묘소에 갔다. 주변에는 잡나무들이 엉켜 숲을 이루고 있을 뿐, 응달진 곳에 자리해서 잔디가 엉성했다. 생전에 큰아버지가 그렇게 좋아하던 꽃 한 포기, 관상용 나무 한 그루도 없었다. 큰집에는 조상 대대로 양지바른 땅이 많았건만 무슨 이유로 하루 종일 햇살도 들지 않고 아카시아가 길을 막고 있는 척박한 이곳에 누워계실까 싶다.

큰집은 대대로 뿌리내리고 사는 종갓집이다. 거제도에서도 보기 힘든 우람했던 철대문도, 니은 자 아래채는 사라지고 흔적조차 없다. 본채의 팔모기둥도 주인 떠난 집에서 힘을 잃어가고 있다. 귀한 벚나무로 만든 대청마루는 퇴색되었고 지붕까지 무너질 듯 사위어가고 있다. 연못가에 싱싱하게 피워내던 창포꽃도 없다. 금붕어가 헤엄치던 작은 연못은 볼품없는 웅덩이가 되어 있다. 형형색색으로 아름답던 수국 꽃밭도 흔적만 간신히 남아 있을 뿐이다.

태종대 바다의 바람이 다시 인다. 바다 안개가 꽃 사이로 헤매듯 지나간다. 꽃밭 극락세계에 있는 듯 마음이 편안해간다. 저 먼 곳에 계실 큰아버지는 지금 무슨 꽃을 가꾸고 계실까. 그곳도 부처님의 자비로 6월에는 수국 향기가 넘쳐날까.

수국이 피면 내년에도 나는 큰아버지 꽃밭에 대한 추억에 젖어들겠지. 원망스러웠던 마음이 꽃 속으로 녹아든다. 다음 산소에 갈 때는 큰아버지가 애지중지 키우던 수국 한 송이 올려야겠다.

11월의 노랑나비

그곳에 내리는 비는 언제나 노랗다. 비 맞은 가로수 은행잎이 찻길과 인도에서 차가운 바람에 쓸려 다닌다. 환자가 위급하니 빨리 오라는 병원의 연락을 듣고 달려올 때 눈에 띈 풍경이다. 지금도 생생히 기억하는 것은 떨어진 은행잎이 처연하도록 노랬다는 사실이다. 그 노란 빛만 남기고 겨울은 그렇게 지나갔다.

그는 늦가을 은행나무를 오래도록 바라보고 있었다. 카메라 조리개를 돌려 연신 셔터를 눌러대는 그도 한 그루 은행나무였다. 찰깍거릴 때마다 피사체는 렌즈 속에 갇혔다. 사진 속의 나무는 때가 되면 그에 의하여 죽지 않는 그림이 되었다. 그림이 완성되면 그는 언제나 "이 작품은 어때?" 하고 나에게 물어오곤 했다. 그림을 볼 줄 아는 상대에게 베푸는 배려이고 예의였다. 그가 화가였고 나는 그의 아내였다.

그날도 내 발길은 화실로 향했다. 평소 출입을 꺼려하던 나였지만 화실 문을 열고 들어서는 순간, 노란 나비 떼가 달려들었다. 캔버스에서 연이어 날아오른 나비 떼가 내 치맛자락에 무리 지어 매달렸다. 그 느낌만으로도 직장에서 쌓인 하루의 피로가 일순간에 씻겨졌다. 그는 평소와 다름없이 팔짱을 끼고 이젤에서 조금 떨어진 곳에서 있었다. 이전과 달리 흡족한 미소를 띠며 캔버스와 나를 번갈아 봤다. 그의 키가 유난히 더 높아 보였다. 지난해 해인사에서 주워 책갈피에 끼워둔 은행잎을 훔쳐보았을까? 감정을 내색하지 않는 그였는데, 내가 노란색을 좋아한다는 소소한 취미까지 기억하고 있단 말인가. 멀대 같은 그를 바라보았을 뿐, 나는 입을 다물지 못했다. 그가 좋아하는 커피를 함께 마시는 동안 나를 위해 그린 그림 앞에서 내내 행복에 젖어 들었다. 그림 속 나비 세례를 받은 날은 그가 병원으로 걸어가기 1년 전이었다.

그가 그림을 그리는 동안 가정 살림은 오롯이 내 몫이었다. 대학 학비도 덤터기로 씌워졌다. 우렁각시마냥 홀로 35년 동안 가정을 책임졌던 내가 부러웠던 사람은 무명작가 시절 담배 한 갑의 돈을 받고 그림을 그려주고 쌀을 바꾸어온 어느 유명 화백님이었다. 진한 갈색 톤을 즐겨 사용하는 남편의 캔버스에서는 매년 사계절이 바뀌었지만 내겐 춘래불사춘春來不仕春이었다. 세월이 흘러 그에게 화가의 명성이 찾아왔지만 내 직장 생활은 변함없이 계속되었다.

평소에 내가 존경하는 교수님이 어느 날 "만약 아내와 글쓰기 중에서 하나를 고르라면 주저 없이 글을 선택한다."고 했다. 다른 사람들은 농담으로 여기며 웃었지만 나는 무릎을 쳤다. 30년 전 그림에 몰두하고 있는 그의 등 뒤에서 나와 그림 중에서 어느 것이 더 좋으냐고 물었던 적이 있다. 그는 망설이지 않고 그림이라 대답했다. 동료 화가들은 이구동성으로 나를 조강지처로 치켜 주었지만 뒷바라지만 하는 세컨드가 나의 실상이었다. 한번은 쌀독을 박박 긁고 있는 나를 위로한답시고 근사한 초상화 한 점을 그려 주기는 했다. 시도 때도 없이 캔버스를 안고 있는 날이 더 많았지만, 예술가를 내조한다는 보람이 나를 버티게 해주었다 할까?

4년 전 어느 날 그는 내가 하고 싶은 것을 하라고 말했다. 그간의 희생에 대한 보답이라고 덧붙였다. 눈가가 붉어진 채 나는 켜켜이 먼지가 쌓인 노트를 다락방에서 끄집어냈다. 글쓰기를 다시 시작하고 싶었다. 그랬던 그 남자가 자신이 말한 책임을 다하기도 전에 은행잎이 떨어지는 늦가을에 홀연히 떠나버렸다. 대수롭지 않게 여긴 감기몸살이 그와 나의 삶을 송두리째 앗아 가버린 것이다.

그가 세상을 떠난 후 일 년 가까이 화실에 들리지 않았다. 은행잎이 가지에 조금 남아있는 11월 중순 무렵, 화가인 아들은 미술대전 공모 작품에 막바지 붓질을 하고 있었다. 그는 예술가라면 당연히 지녀야 할 아들만의 작품 세계를 인정하면서 재능이 물려진 것을 대견해했다. 완성되어가는 아들의 작품을 흐뭇하게 바라볼 때면, 그와 나는 유쾌하게 웃곤 했다. 지금의 아들은 그림 그리기에 빠져있는 듯 보였지만, 밤낮으로 함께했던 예술의 동반자가 곁에 없다는 생각을 떨치지 못하는지, 가끔 붓질을 멈추곤 했다.

한번은 여유가 생기면 스케치 여행을 함께 떠나자고 했다. 그의 등을 지켜보는 나에게 등을 돌리지 않은 채 던져준 말이다. 이제는 그 말도 그리움 속에서만 시도 때도 없이 그렁거린다.

남편의 작업실 문을 열었다. 손잡이를 돌리는 순간 새시 문소리가 끼이익 정적을 가른다. 케니지의 절절한 색소폰 소리가 들리지 않는다. 화실 가득했던 원두커피의 향기도 풍기지 않는다. 그림을 그리던 그의 움직임도 없다. 오직 세 개의 이젤만이 지게처럼 서 있다. 60호 크기의 그림 한 폭이 홀로 이젤에 기대어 있다. 오늘 나는 그의 등 뒤가 아니라 그림과 마주하고 앉았다.

그림이 여전하다. 은행잎이 나비 떼마냥 붙어 있다. 날아올라도, 날아올라도 나비 떼가 줄어들지 않는다. 무수한 은행잎 나비가 나뭇가지를 가리고 있다. 그림 앞에 선 그가 마치 영원히 당신과 함께할 거라며 속삭이는 듯하다.

이제 봄이 멀어지고 여름이 지나면 그가 떠난 늦가을이 온다. 그때면 은행나무 잎이 무수히 떨어질 것이다. 하지만 내 은행나무에서는 변함없이 노란 추억이 날아오를 것이다. 오늘처럼 그때도 나의 남자가 된 그와 내가 마주 서겠지. 처음이자 마지막으로 내게 그려준 그림 앞에서.

여운 65×65

어항 속의 무지개

뜰채를 손에 쥔 채 쪼그리고 앉아 어항에서 눈을 떼지 못한다. 벌써 세 시간이 지났다. 구피가 출산을 시작했다. 관상용 열대어인 구피는 모체에서 수정된 알이 태내에서 그대로 부화하여 새끼로 태어난다. 어류 치고 오색영롱한 화려한 색깔을 가졌다. 성질이 온순하여 키우기는 수월할뿐더러 다산의 능력을 자랑한다. 저출산 시대에 본받을 일인가 싶어 남매를 둔 나로서는 녀석이 은근히 부러울 때가 있다.

결실의 가을에도 조락이 있듯, 우리 인간에게 주어진 생과 사도 그렇다. 행복하다고 느끼는 순간 주어진 시련은 가혹했다. 동반자를 잃은 상실감에 하루하루를 우울하게 보냈다. 이런 나를 안타깝게 바라보던 언니는 어느 날 구피를 키워보라며 떠안겼다. 구피는 나의 손길이 필요한 녀석들이다. 그날부터 구피와의 사귐이 시작되었다.

인터넷을 뒤져 키우는 법을 익혔다. 어항 앞에 턱을 괴고 앉아 있는 시간도 늘어갔다. 구피가 화려한 색깔의 지느러미로 유영하는 모습은 마치 무희가 무대에서 현란한 춤을 추는 듯했다. 무아지경에 빠져들면서 나도 모르는 사이에 상실의 외로움은 서서히 치유되어 가고 있었다.

물고기 세계에도 질서가 있다. 한 물고기만 줄기차게 쫓아다니며 사랑을 구하는 순정이 있다. 주체하지 못해 설쳐대는 젊음이 있는가 하면 둔해진 몸으로 무리에서 뒤처지는 외로움도 있다. 우리네 인생과 다를 바가 없다.

무릇 생명을 탄생시키는 산고의 고통은 물고기도 마찬가지다. 유리벽에다 머리를 부딪치기도 하고 꼬리를 심하게 흔들기도 한다. 첫 아이를 낳을 때 심한 통증으로 고통스러워하는 딸을 지켜보며 애간장을 태웠을 어머니가 생각난다. 구피는 한 번에 치어들을 스무 마리에서 서른 마리 남짓 낳는다. 산통은 예닐곱 시간쯤 걸린다. 그 많은 새끼들을 낳고 나면 풍선같이 부풀었던 몸이 멸치처럼 야위어버린다. 있는 기력을 소진하고 어항 바닥에 죽은 듯이 엎드려 있다. 안쓰러운 마음에 미역국이라도 끓여주고 싶은 심정이다.

내가 구피의 출산에 목을 빼고 기다리고 있는 데는 그만한 이유가 있다. 잠깐 한눈을 팔면 치어들이 죽임을 당하고 만다. 어미 꽁무니에서 새끼들이 고물고물 나오면 얼른 뜰채로 건져내 분리해주어야만 한다. 큰 놈들의 습격이 번개 스치듯 한다. 기다렸다는 듯이 치어들을 모조리 삼켜버린다. 그들만의 생존 법칙이라며 무관심하면 좋으련만 이를 두고 보지 못하는 내 성미다. 내 손놀림에 따라 수십 마리의 생명이 오락가락하니 어항에서 눈을 뗄 수가 없는 것이다. 구피를 보면서 겉모습이 아름답다고 막연히 좋아할 일이 아니다. 간혹 신문이나 TV에서 보기도 한다. 자기가 낳은 생명을 해했다는 보도를 가끔 접하고 그 비정함에 몸서리치기도 했다.

치어들의 재롱에 넋을 놓고 있다. 몇 개월 전 태어난 예쁜 손녀를 보는 듯, 구피 사랑에 어항 앞을 떠나지 못한다. 우리네 부모들도 자식을 기를 때는 그랬다. 하루의 고단함도 자식들의 재롱에 힘든 줄 몰랐다. 가진 재산이 없어 느지막이 허접스러운 대우를 받아도 부모는 자식의 얼굴에서 무지개를 보고 싶어 한다. 나 역시 그렇다. 대물림되어진 아들의 그림 재능이 아름다운 색채와 창의적인 선으로 승화되기를 바라는 것이 자식을 사랑하는 어미의 마음이다. 서로를 아끼는 애틋한 마음, 그 마음이 싫증나지 않고 은은히 비치는 천륜의 색이다.

다른 구피들의 배가 점점 불러오고 있다. 산고의 아우성이 금방이라도 터질 듯하다. 뜰채를 손에 든 나는 구피 출산 도우미가 되어 어항 안을 주시한다.

마네킹

도시의 쇼윈도에는 계절이 앞서온다. 가을볕이 가로수 은행잎을 물들이려는 즈음 패션 거리에는 이미 한겨울이 와 있다. 지난해처럼 올해도 코트와 목도리가 광복동 겨울의 입성을 알린다. 하얀 커플 패딩코트에 빨간 목도리를 늘어뜨린 두 마네킹이 설야를 기린다.

오랜만에 광복동 구경을 나섰다. 세월 따라 만사가 변하기 마련이듯 패션 매장의 마네킹도 달라져 있다. 한때는 사람이 마네킹을 대신하기도 했다. 얼굴에 하얀 페인트를 칠하고 꼼짝 않는 몸짓으로 사람들의 시선을 끌었다. 일종의 행위예술로서 주로 대학생이 학비 조달을 위해 마네킹 대역을 했는데 부동의 침묵을 지키는 인내가 인상적이었다. 이제는 은빛 웨이브 긴 머리숱이 사라지고 검고 하얀 밋밋한 마네킹들의 얼굴이 나와 마주한다.

라벤더 53×28 2007

요즘 광복동에 들어서면 야외 조각상들이 사람들을 반긴다. 깔끔하게 보이는 연한 회색 보도블록이 깔린 인도 옆에 멋있는 턱시도를 차려 입은 신사가 모자를 벗어든 모습이 도시의 우울한 분위기를 화사하게 바꾼다. 사람의 형상으로 사철 내내 구릿빛 단벌옷을 입은 조형작품이 옛 광복동 마네킹 모습을 떠올려 준다.

이십여 년 동안 광복동 중심 상권이 있는 'S' 패션에서 근무했다. 그 시절 유명 메이커디자인 패션은 부러움의 대상이었고 고객에게 신뢰를 주었다. 내가 근무했던 매장은 대기업의 브랜드 가치도 있었지만 감각적인 디자인과 다양한 브랜드로 고객들을 매장으로 끌어들였다. 그 무렵 마네킹의 역할은 매우 컸다. 마네킹의 걸친 옷은 인기를 받게 마련이다. 보기만 하여도 사람들의 심박이 저절로 올라간다. 저 옷을 입었으면 하는 유혹에 홀려 매장으로 들어서는 순간, 마네킹 옷에 속았다는 생각이 들어도 구매 욕구가 남아 다른 제품을 구매하게 된다. 마네킹의 침묵과 부동의 주술력이랄까.

내가 경영했던 의상실의 쇼윈도에는 마네킹이 세 명이 있었다. 두 명은 서 있고, 한 명은 앉아있는 구도가 마치 현대조각 같았다. 오뚝한 콧날, 풍성한 속눈썹, 그윽한 눈매가 진짜 사람이라는 착각에 빠져들게 했다. 그중 앉아있는 마네킹에 남다른 애정이 갔다. 알맞은 어깨 곡선에 시선을 아래로 둔 다소곳한 옆모습이 마치 첫날밤을 기다리는 신부의 자태 같았다. 고객의 첫 시선을 맞이하는 마네킹은 시즌 트렌드의 주자이기도 했다. 정교하게 입히고 몇 가지 가발을 준비하여 옷에 맞게 머리 스타일을 꾸며 아침 행인의 시선을 끌었다.

마네킹이 임무를 보여주는 라인에는 실은 인간 이상의 소임을 갖추고 있다. 하루 종일 꼼짝하지 않아도 짜증내지 않는다. 한결같은 모습으로 사람들의 눈길을 잡아들이면서 완벽한 몸매로 옷을 돋보이게도 해준다. 돌이켜보면 마네킹은 누구보다 나에게 행복과 위로를 안겨준 일등공신이다. 아침마다 앉아 있는 마네킹을 보면서 종종 문득 홀로 법당에서 철야 기도를 올리는 여인을 떠올렸다. 한이든 소원이든 드러냈을 것이다. 사람은 누구든 말 못할 사연을 갖고 있다. 외로움과 슬픔을 숨기고 있다. 몸과 마음이 지쳐가는 사바세계의 고통을 마네킹이 대신하고 있다는 생각이 든다.

나도 의상실 마네킹이다. 특이한 샘플 옷을 만들면 제일 먼저 멋지게 시범 삼아 차려입는다. 의자에 앉아 고객의 옷을 디자인할 때는 앉아있는 마네킹이 되고, 서서 업무를 볼 때는 걸어 다니는 마네킹이 된다. 멋진 맵시로 손님의 시선을 끌다 보면 성미 급한 어떤 고객들은 내가 입은 옷을 벗어 달라고 요청하기도 했다. 하지만 나는 완전한 마네킹이 되지 못했다. 쇼윈도의 마네킹은 약게 계산을 하지 않고 힘들다고 짜증내지도 않는다. 쇼윈도 마네킹은 시폰 잔주름 치마폭을 늘어뜨리고 반가사유상처럼 꼼짝 않고 앉아 무념무상의 모습으로 동안거와 하안거를 지켜낸다. 고뇌와 번민을 스스로 자각하는 듯한 마네킹을 보면 깊은 산속의 어느 절간 스님이 떠오른다. 그런 마네킹에 비하면 의상실을 경영하는 나는 결국은 돈만을 계산하는 인간이 아닌가 하는 생각이 든다. 하지만 인간인 나는 금전적으로 계산하는 속내를 숨기고 계산이 채워지질 않으면 화가 난다.

요즘에는 쇼윈도가 아닌, 걸어 다니는 마네킹들이 곳곳에 있다. 날씬한 몸매에 멋진 옷을 입은 그녀들은 활기차고 당당하다. 또는 텔레비전을 보며 요즘 대세인 걸 그룹이나 드라마에 출연하는 배우들도 하나같이 8등신 마네킹 몸매다. 내가 봐도 사랑스럽고 멋지다. 체질적으로 날씬한 몸매를 타고난 사람도 있겠지만 너도나도 환상적인 마네킹 몸매에 집착한다. 열심히 운동으로 체중감량을 시도한다. 잘은 모르지만 귀동냥으로는 간혹 의학적인 힘을 빌려 지방흡입 수술이나, 지방분해 주사도 맞는 모양이다. 그뿐 아니라 여러 가지 다이어트 약물 요법으로 마네킹 체형 만들기에 급급하다.

조화를 이룬 완벽한 몸매를 마네킹 몸매라 한다. 예쁘지만 속이 빈 여자를 마네킹 여자라 부르기도 한다. 쇼윈도를 지나가던 남자들이 마네킹을 보면 저런 멋진 아가씨를 짝으로 삼고 싶어 할 것이다. 아가씨들도 완벽한 멋진 몸매에 대한 꿈을 꾸겠지만, 진정한 아름다움은 어디에 있을까.

걸음을 멈춘다. 옛 시절 마네킹에 옷을 입히던 내 모습이 패션매장 진열장에 비친다. 지나가던 행인들도 덩달아 쇼윈도 앞에서 걸음을 멈춘다. 늘씬한 마네킹의 몸매를 훔쳐보는 건지, 걸친 옷의 매력에 빠진 건지 알 수 없지만 두터운 패딩 옷을 바라보면 가을볕이 곧 사라질 것이라는 아쉬움이 느껴질 것이다.

예전에 무심하게 여겼던 것들에 요즘에는 마음이 찡해진다. 눈이 호사를 누리도록 도시 거리가 발전하건만 나는 왜 자꾸 과거 한때를 흘깃거리는 걸까. 나에게 베풀기만 했던 쇼윈도 마네킹이 새삼 그리운 날이다.

쿠무다 카페에서

단풍이 곱게 물들어가는 가을날, '쿠무다 카페'에서 작은 음악회가 열렸다. 가을비 내리는 송정바닷가 카페에서 클래식기타 연주를 듣는다는 것 생각만으로도 감동이다. 흥분된 마음에 저녁 빗길을 마다하지 않고 집을 나선다.

작은 공간 '쿠무다 카페' 안은 많은 사람으로 가득 찼다. 처음 본 안형수 기타 연주자는 악기를 다루는 연주자라 믿기지 않는다. 그의 표정은 깊은 절간에서 마음을 닦다가 내려온 수도자의 얼굴처럼 그저 편안하고 고요하게 보인다.

연주가 시작되었다. 첫 연주부터 감동이 밀려오게 한다. 기타에서 울려 나오는 선율은 사람의 손끝에서 튕겨 나온다는 느낌이 아니다. 좁은 카페에서 연주하는 모습을 직접 뻔히 바라보고 있음에도 그랬다. 그가 손가락을 움직여 풀어내는 곡들은 오래전 즐겨 불렀던 가

천진항 너머에 53.0×33.4 oil on canvas 2014

요나 가곡, 동요들이지만 처음 듣는 듯 감미로운 음색은 풍부한 감수성이 묻어났다. 그만의 독창적인 편곡으로 '섬집아기,' '오빠 생각,' '등대지기' 등 동요들을 차례차례 듣노라니 마음이 차분하게 가라앉았다. 조금 시간이 지나자 달콤하고 포근함이 밀려왔다. 그가 연주하는 선곡들이 가을비와 어울려 묘한 울림으로 촉촉하게 젖어 든다.

기타를 껴안고 '등대지기'를 연주할 때면 안형수 역시 등대지기만큼 고독하다. 별처럼 맑고 쓸쓸한 기타 연주가 신선하고 신비롭다. 연주는 빗방울 소리처럼 영롱하게 들린다. 기타 한 대로 익숙한 가락을 이리도 다양하게 표현할 수 있나 싶다. '쿠무다 카페' 안 구석구석까지 채워진 멜로디가 귀를 타고 가슴으로 흘러 사람의 마음을 어루만져준다. 감미롭고 서정적인 연주에 모두가 푹 빠져 녹아든다.

자신의 꿈을 위해 살아가는 사람은 얼마나 될까. 그런 질문에 답을 하지 않으려는 듯한 안형수는 기타에 미친 사람으로 보인다. 미친다는 말은 집념과 열중의 다른 말이다. 예전에 남편은 "미쳐야 된다."고 간혹 제자들이나 나에게 말했다. '천재는 노력하는 사람을 앞설 수 없고 노력하는 사람은 신나게 즐기는 사람을 이길 수 없다'고 했다. 예술은 미쳐야 이루어 낼 수 있는 것이라는 확고한 신념의 표현이다. 자신을 넓은 마음으로 이해해 달라는 말이란 것쯤은 알 수 있다. 아마도 기타를 안고 연주하는 안형수도 기타에 미쳐 있는 사람이다. 강원도 산골 가난한 소년이 신기에 가깝게 연주 실력자가 되기까지는 얼마나 힘든 고통을 견뎌 냈을까 싶다.

하루라도 손에서 붓을 내려놓지 않았던 남편이 그랬고, 요즘 한국 문학의 맨 앞자리에 서 있는 한 수필가 선생님도 여전히 밤낮으로 집필에만 빠져 사신다. 역시 미치지 않고서는 무엇이든 이루어 내지 못한다는 걸 실감한다. '예술가는 신의 저주를 받았다.'고 했던가. 고통을 인내하면서까지, 조건이라면 선천적인 재능과 끈기와 포기하지 않는 노력만이 예술작품을 창조할 수 있다.

여전히 창밖에는 비가 내린다. 안형수 기타 연주 선곡들도 나만을 위한 연주처럼 빗물 먹은 마음을 따스하게 데워준다. 동요 멜로디에 어린 시절 추억들이 들썩인다. '섬집아기'는 정전이 되듯 깜깜하게 잊었던 섬 친구들의 이름을 떠올려준다. 그 시절 섬 아이들은 엄마가 일일이 챙겨주지 못했다. 바다에 물이 빠질 때면 엄마는 굴을 따고 조개나 고동을 캐기 위해 갯벌에서 살다시피 했다. 초등학교에서 이 노래를 배운 뒤에는 갯가에서 엄마를 기다리며 친구들과 즐겨 불렀다. 섬에서 자란 사람들이면 이 노래를 들으면 누구라도 친구들과 보낸 그 시절을 추억할 것이다. 잔잔한 클래식 기타연주가 '쿠무다 카페' 통유리를 후드득 치고 사방으로 퍼져나간다.

'오빠 생각' 연주가 잔잔하게 흐른다. 방학 때가 되면 오빠를 기다렸다. 부산 여객선이 오는 시간이면 뱃머리를 바라보는 버릇이 있다. 깔끔한 교복에 교모를 쓴 오빠는 잘생기고 멋졌다. 모처럼 집으로 온 오빠는 낯선 손님처럼 느껴졌다. 오빠 역시도 어린 동생들을 살가워하지 않았다. 그런 오빠였지만 함께하지 못한 아쉬움은 늘 그리움이 되어버렸다. 오빠가 보고 싶을 때 이 노래를 부르며 눈물을 흘리기도 했다. 이제 나이 든 오빠는 내색하지 못했던 성격 탓을 후회하는 듯, 소소한 일까지 챙겨주며 자상하고 든든한 의자가 되어준다.

'꽃밭에서'를 연주할 때는 꽃 같은 멜로디에 취해 입속에서 어물거리던 노래가 하마터면 입 밖으로 터져 나올 뻔했다. 안형수는 마지막 기타 줄로 음률을 퉁겨낸다. 줄의 미묘한 떨림은 하얀 여백에 아주 작은 먹물 방울이 떨어져 화선지에 번져가는 듯 나도 모르게 숨이 멈추어진다. 작은 소리가 큰 충격으로 여운을 남긴다. 특히 악기에서는 더욱 그렇다. 안형수만의 열망과 독창적이고 섬세하고도 분명한 자기만의 독특한 연주 언어로 대중에게 큰 감동을 주고 있다.

감미롭고 아름답게 가슴을 울려주는 기타 연주를 듣는 것은 처음이다. 언제 이렇게 멋진 연주를 들을 수 있을까 싶다. 송정 바닷가 '쿠무다 카페'에서 마음에 맞는 이들과의 시간이 행복하기만 하다.

누구에게라도 절절한 사연을 담아 카톡이라도 띄우고픈 '쿠무다 카페' 비 오는 가을밤이다. 빗줄기가 그치고 연주도 끝났다.

해바라기 120×53 oil on canvas

그립고 그립고 그립다

가을로 접어든다. 그리움도 시골 감나무의 홍시처럼 익어가는 계절이다. 한결 높아진 하늘에서는 구름이 여러 가지 그림을 만들며 흘러간다. 나뭇잎은 아직도 초록인데 길섶 억새는 벌써 가을을 맞이하는 꽃을 피우기 시작한다. 이제 시시각각으로 풍경은 가을빛으로 짙어갈 것이다.

거실 벽에 걸린 해바라기에도 가을이 영글고 있다. 남편이 그린 그림이다. 나는 혼자 남겨져, 해바라기 그림을 바라보며 그리움에 젖어든다. 꽃이 태양을 닮아있고 하염없이 태양을 바라보므로 '해바라기'란 이름이 붙여졌다는 꽃말이 그러하듯이 시도 때도 없이 바라보는 그림은 나에게는 그리움이다.

요즘의 해바라기는 개량품종으로 꽃송이가 작고 키도 작다. 그림의 작품 소재로서 뭔가 부족하다는 아들의 푸념을 종종 듣는다. 내가 어린 시절 시골에는 집집마다 해바라기가 담 너머를 내려다봤다. 큰 얼굴을 살짝 내밀고 세상 구경하는 고개를 숙인 해바라기는 시골 풍경에서 빠질 수 없다. 해바라기 씨가 까맣게 영글어 머리가 무거워 고개를 푹 숙일 쯤이면 친구와 담벼락에 쪼그리고 앉아 해바라기 씨를 까먹었다. 그 계절 맛이 참 고소했다. 부산으로 이사와 살면서 어쩌다 해바라기를 보긴 했지만 크고 노란 꽃 머리를 흔하게 보지 못했다. 제대로 가을을 만나지 못했던 내게 가을꽃은 코스모스나 국화꽃이 아니다. 노란 얼굴을 내민 해바라기다.

함안 강주 마을에 해바라기 축제가 열린다는 소식을 접했다. 그곳 마을의 꽃송이는 토종이어서 엄청나게 크다고 했다. 끝이 보이지 않는 넓은 부지에 해바라기 꽃밭을 조성하여 관광객을 불러 모으는 9월 대낮의 햇볕은 얼마나 더 따가울까.

해바라기 맞이길을 나섰다. 들판의 벼들은 노랗게 물들어 고개를 숙이고 있다. 길옆 코스모스도 나름대로 하늘거린다. 눈앞에 펼쳐져 스치는 차창 풍경들은 그냥 아름답다. 자연은 어느 능력 있는 인간이라도 겨눌 수 없는 솜씨 좋은 예술가다. 벼 이삭만으로도 아름다운 계절을 만들어내니 말이다. 아무런 흥미도 희망도 느끼지 못한 나조차 무언가 아름다운 생을 채우고 싶다는 의식이 슬며시 솟아오른다. 그래서 사람들도 여행을 떠나게 되나보다.

강주마을은 함안에서도 한 시간 반이나 더 걸리는 곳에 있다. 초행의 시골길을 찾아가기란 여간 힘든 게 아니지만 차창 밖 눈길 가는 곳마다 독특한 풍경이 있어 심심하지 않다. 마치 액자 속 그림이 밖으로 나온 듯한 풍경에 빠져 있을 무렵 차는 강주마을 정류장에 도착했다.

작은 마을이 해바라기 꽃 축제로 들썩이고 있다. 마주 보이는 언덕에는 해바라기의 노란 물결이 끝없이 일렁이고 있다. 곳곳에서 모여든 사람들이 해바라기 숲을 향해 지그재그 언덕길을 줄지어 올라가고 있다. 갖가지 색깔의 복장을 한 사람들이 마치 해바라기 그루로 보인다. 흥은 무리지어야 하는 법, 관광객들 속에 섞여 천천히 언덕을 올랐다.

언덕배기에는 바람에 날린 노란 물결이 일렁인다. 이국의 풍경을 보는 듯하다. 누가 가르친 것도 아니건만 해바라기 줄기가 같은 방향으로 서 있다. 태양만 바라보는 꽃으로만 알았는데 오지 않는 그리운 이를 하염없이 기다리고 있는 애절한 모습 같아 마음에 슬픔이 인다. 구경 온 사람들이 저마다 추억을 남기느라 연신 카메라를 들이대며 밭 속으로 파고든다.

해바라기라면 고흐의 그림을 떠올린다. 꿈을 추구하는 태양의 색이라고 생각했던 고흐는 노란색에 대하여 강렬한 열정을 가지고 있었다. 고흐에게 해바라기는 뜨겁고 격정적인 감정을 대변하는 영혼이 있다. 그것을 그리는 것이 유일한 희망과 기쁨이므로 그는 회오리치듯 꿈틀거리는 힘으로 붓질을 해댔다. 그 열정이 있어 고흐는 생전에는 인정받지 못했지만 현대미술의 토대를 형성하는데 빼놓을 수 없는 화가가 되었다.

남편도 해바라기를 소재로 여러 작품을 그렸다. 그의 작품에 그려진 해바라기는 노란 꽃잎을 떨어내는 완숙기가 지난 늙은 해바라기다. 노란 꽃잎을 떨구고 씨앗을 까맣게 채워 목이 무거워 고개를 숙인 그림이 대부분이다. 터치와 색은 완전히 그의 기법으로 표현되어 있다. 해바라기가 그의 예술혼을 지켜내고 있듯이 그의 생애도 해바라기 속에 살아 있다. 그런 생각은 나의 그리움 때문이라 해도 어쩔 수 없다.

해바라기 숲에 서 있는 아들은 자신이 원하는 작품 구도를 잡아보느라 분주하다. 아들도 아버지와 다른 기법으로 누군가의 마음에 울림을 주는 태양의 꽃을 그려내기를 바란다. '님이 그리워 자꾸만 자꾸만 얼굴만 크게 만들고 있다.'는 어느 시인의 시 구절처럼 강주마을 언덕에 피어 있는 해바라기는 아직도 뜨거운 태양을 받으며 한 사람을 기다리고 있다. 해바라기는 분명 그리움으로 키를 키웠으리라 여겨진다.

지금 나는 거실에 앉아 캔버스 속 해바라기 그림과 마주하고 있다. 그림 속의 해바라기 꽃들은 그와 함께 행복했던 즐거운 한때를 보여주듯 노란 꽃잎이 미소처럼 화사하다. 말없이 캔버스와 팔레트를 오고가던 그의 손길만 안개 속처럼 뿌옇게 흐려진다.

오늘따라 그 해바라기 화가가 더욱 더 그리운 날이다.

황령산 봄 풍경

오래전 황령산 바로 아래 전포동에서 살았다. 산 정상에 서 있는 철탑을 바라보면서 뭔가 알 수 없는 내 미래를 생각하기도 했다. 더구나 밤이면 깜빡이는 송전탑이 환상적으로 보이기도 하고 언제나 꿈과 희망이 정상에 있을 것 같아 내 눈길이 향하는 곳이기도 했다. 높은 산 정상에서 아래로 내려다보는 도시는 어떤 모습으로 보일까. 늘 궁금하기도 했었다. 하지만 부산에서 오랜 세월을 살고 있지만 누구나 쉽게 다녀온다는 황령산을 정작 나는 한 번도 가보지는 못했다.

내가 살고 있는 아파트 앞이나 도시의 도로변에는 벚꽃이 만개했나 싶더니 한날 거친 비바람에 꽃잎이 와르르 떨어져 눈꽃 추락 사태가 일어났다. 연한 꽃잎은 빗물에 떠내려가기도 하고 바람에 날아갔다. 참 아름다움은 한순간이다. 그러나 허망한 것은 아니다. 요즘에는 꽃 떨어진 가지에 초록의 꿈을 피울 참새 주둥이같이 여린 잎이 돋아나기 시작한다.

친구가 문자를 보내왔다. 황령산에 벚꽃과 진달래가 만개했으니 꽃구경을 가잔다. 나는 이미 벚꽃이 졌다는 사실을 잘 알고 있는 터라 의아해했지만, 친구는 좌우지간 따라가잔다. 다음날 10시에 네 명의 친구들이 연산동에서 만났다. 황령산을 매일 오르내린다는 친구가 오늘의 가이드가 되어 수십 년 동안 바라만 보았던 부산의 심장부인 황령산을 오르기 시작했다.

산을 막 오르려는 순간 눈에 스치는 느낌은 내 옷차림이었다. 아직 등산이라는 것을 한 번도 해 본 적이 없기에, 간단한 캐주얼 복장에 운동화를 신었다. 친구들은 나와는 달랐다. 화려한 컬러의 등산복에 햇볕을 잘 가려주는 모자, 등산화, 디자인이 세련된 가방을 등에 멨다. 손 등이 탄다고 예쁜 장갑까지, 완벽한 나들이 모습이다.

꽃구경이 따로 없다. 다양한 봄꽃들을 다 모아놓은 것처럼 화사하다. 평일이지만 산을 찾아오는 사람들도 많았다. 그들 역시 화려한 모습들이다. 게다가, 험한 산을 오르는데 대한 안전성을 중시하는 기능성 옷과 장비를 갖추었다. 나처럼 모든 것이 어설프게 보이는 사람은 아무도 없었다. 스치는 사람들을 곁눈으로 슬쩍 훔쳐봐도 역시다. 내 안전은 내가 지키는 방법뿐이다. 혹시나 신발이 부실해서 발목을 다칠까 봐 한 발 한 발 조심스럽게 올랐다. 산을 오르는 코스는 그렇게 험한 산은 아니다. 처음 가는 등산이라 힘은 들었지만 맑은 공기와, 마음이 즐거우니 견딜 만하다. 어린 시절, 바느질 솜씨가 좋은 언니가 꽃무늬가 나염되어 있는 포플린 천으로 싱거미싱을 달달 돌려서 만들어준 예쁜 원피스를 입고도 고향 산을 다람쥐처럼 재빠르게 누비고 다녔는데 세월 앞에 둔해지는 몸을 실감하니 어찌하랴.

산을 오르는 길가에 소박하고 앙증맞은 보라색과 샛노란 제비꽃도 구색 맞게 피었다. 유난히 반갑고 눈에 익은 꽃이 꽃망울을 피우고 있었다. 지금쯤이었나 보다. 옛날 고향 집 울타리에도 아버지가 심었다는 노란 황매화가 흐드러지게 피었다. 지나가는 사람들이 그 노란 꽃을 보고 감탄을 했다. 철없던 나는 황매화를 따서 소꿉놀이를 했던가…. 정상을 오르는 길목의 나뭇가지에서 까치가 극진히 인사를 한다. 어제까지 쌀쌀하였지만 오늘은 여름처럼 더워서 상의를 벗고 반팔 티로도 시원함을 느낀다. 잠깐 낙엽이 깔려 있는 그늘에 털썩 주저앉는다. 바로 가까이 보이는 나뭇가지에서 청설모 두 마리가 이 가지 저 나무로 펄펄 나는 듯 재주를 부리고 몇 사람의 관객 앞에서 특별 이벤트를 하고 있다. 입을 다물지 못하고 즐겁게 바라보다가 오늘의 스타에게 박수를 보낸다.

가파른 비탈길에 올라서니 도로가 산 모양을 따라 휘어지기도 하면서 멀리 청소년 수련원까지 잘 다듬어져 있다. 도로변으로 끝없이 활짝 핀 벚꽃이 만개하여 황령산 허리에다 멋있는 벨트를 둘렀다. 이 아름다운 풍경 또한 산을 찾아온 여인네들의 가슴을 벌렁거리게 만든다. 졌다고 생각했던 벚꽃을 산 중턱에서 다시 볼 줄이야. 눈꽃처럼 하얀 벚꽃의 절정을 뒤로하고 정상으로 향한다.

조금 오르니 여기서부터는 붉게 타는 진달래꽃이 탐방객들의 시선을 유혹한다. 분홍색으로 물든 진달래꽃 속에서 몇 컷의 포즈를 취해본다. 평일이라 산을 찾아온 사람들은 대부분 중년 여인들이다. 모두들 오랫동안 건강을 챙기느라 늘 산을 오르는 모습 같았다. 중년의 남자도 눈에 띈다. 지금쯤 생활의 터전에서 열심히 일을 하고 있어야 됨직한 분으로 보인다. 혹 직장에서 사직을 했나? 아니면 하던 사업이 부도, 건강에 문제가? 내 생각이 푼수다. 산에 온 사람들의 사생활까지 왜 내가 걱정하고 궁금해야 되는지 모르겠다. 간혹 새파란 청춘들의 다정한 모습도 보인다. 오늘 이 꽃핀 봄날과 썩 잘 어울린다. 부러운 건 역시 푸른 젊음이다.

정상에 도착했다. 정상 바위에는 태극기가 그려져 있고, 황령산이라고 새겨져 있다. 조금 더 능선을 따라가서 봉수대에 올랐다. 옛날 우리 조상들이 왜적의 침략 때마다 불을 지폈던 곳이다. 우리 민족의 향토 수호의식과 국토방위 정신이 깃든 곳이기도 하다. 아무나 쉽게 오르는 정상을 나는 이제야 찾아왔다. 지금에서야 뒤돌아보니 눈 한번 깜빡인 것 같은데 참 많이도 버둥거렸다.

황령산 정상에서는 동서남북 도심이 한눈에 들어온다. 탁 트인 넓은 쪽빛 바다를 바라볼 수 있는 아름답고 위엄 있게 서 있는 황령산, 힘든 산행이었지만 황령산 정상을 오늘에서야 올라온 것이다. 부산의 풍경이 발아래로 내려다보인다. 힘든 세상살이는 전혀 보이지 않고, 모두 낮은 모습으로 겸손하다. 저 거대한 도시 속에 내가 섞여 잘 버티고 있는 것이 그저 신기하게 느껴진다. 혹독한 추위를 잘 견디고 찾아온 봄소식을 안고, 볼 수 없었던 그리운 얼굴들이 반가워하며 달려오는 듯하다.

만날재 이야기

봄바람 기척에 잠자던 꽃들이 화들짝 놀랬나 보다. 온사방이 꽃 천지로 변한다. 온난화 기온 탓인지 꽃들이 순서 없이 꽃잎 피우기에 치열하다. 시샘하는 봄소식에 덤덤했던 마음에도 '봄의 교향곡'이 울려 퍼진다. 때마침 친구 모임이 창원에서 있는 날이다.

점심을 먹고 진해 '안민고개' 꽃구경을 나섰다. 창원 가까이에 위치하는 진해는 벚꽃 축제 중이다. 창원에서 진해로 가는 고갯길인 '안민고개'에는 일제 강점기에 심었다는 아름드리 벚나무가 줄지어 서 있다. 길 양쪽에서 마주 뻗은 가지마다 만개한 벚꽃으로 화사한 꽃 터널을 이루고 있다.

진해 '안민고개'는 옛날 '만날재'라는 이름이 있다. 진해 가난한 집 이 생원의 예쁜 외동딸이 창원 김 참봉 집으로 시집을 왔다. 혹독

했던 시어머니 구박으로 이 년 동안 친정 한번 가지 못했다. 친정 가족을 그리워하는 며느리를 애처롭게 여겼던 시아버지다. 추석 이틀 뒤 시아버지는 며느리와 친정어머니를 창원과 진해의 중간지점인 만날재에서 '반보기'로 애틋한 상봉을 시켜주었다. 그날, 며느리는 친정어머니가 챙겨온 음식을 먹으면 가족 혈육의 회포를 풀었다는 것이 만날재의 전설이다. 우리 민족의 정서인 만남과 그리움이 유래하는 곳이 지금의 안민고개다.

나에게도 '만날재' 같은 의미가 있는 곳이 있다. 친구와 약속이 있는 개금역이다. 개금역 개찰구를 빠져나와 약속한 장소에 먼저 도착한 나는 초록색 긴 의자에 앉는다. 조금 후 마주하는 2번 출구 계단을 내려오는 친구의 환한 미소가 먼저 다가온다. 언제나 그랬듯이 양손에는 무거운 보따리가 들려 있다. 오늘도 친구는 힘든 것도 마다하지 않고 친정엄마가 딸에게 챙겨주듯 이것저것 무겁게 챙겨 왔다. 주례에 사는 나와 지하철이 없는 신개금에 살고 있는 친구와 만나는 개금 지하철역이 우리의 만날재이다.

의상실을 경영할 때나, 이후 직장 생활을 할 때도 그랬다. 시간 여유가 없으니 언제나 음식은 빠른 시간에 조리되는 것이어야 했다. 반찬의 종류도 간편했다. 그런 사정을 잘 아는 친구는 여러 가지 반찬을 푸짐하게 만들어 번번이 챙겨주었다.

요리 솜씨가 특별한 친구는 음식 만드는 것이 즐겁다고 한다. 친구가 만들어준 음식들은 까다로웠던 남편 입과 애들의 입까지 즐겁게 해주었다. 그저 그녀는 친구의 가족이 맛나게 먹어주는 것만으로 뿌듯해한다. 이제는 몸의 움직임이 귀찮기만 할 즘인데 음식 배달은 아직까지도 변함이 없다. 둘은 못 본 동안 서로의 안부를 묻는다. 좋은 일에는 내 일처럼 기뻐하고 안타까운 일에는 함께 아파한다. 우리들의 만날재 수다는 끝이 없다. 그래도 못다 한 아쉬움이 남은 채로 친구는 다시 출구 계단을 올라간다. 건네준 반찬이 든 터질 듯한 무거운 보따리를 양손에 받아든 나는 지하철 승강장으로 내려간다. 저녁 식탁 위에 오를 맛깔나는 반찬 생각에 미리 식욕이 당겨온다.

꽃길에서 해말개진 친구들도 얼굴에서 웃음이 연방 꽃이 되어 번진다. 안민고개 분위기와 잘 어울리는 찻집에 들렀다. 찻집에서 내려다보이는 진해시는 꽃구름이 뭉실뭉실 피어있는 듯 환상적이다. 도시가 온통 꽃 속에 묻혀 버렸다. 축제를 즐기는 사람들의 입가에도 환한 웃음꽃이 활짝 핀다. 찻집에서 여인네들의 수다도 끝이 없다.

'열흘 가는 꽃 없다.' 했던가. 흐드러진 저 꽃도 잠깐이라는 생각이 들어서일까. 꽃을 바라보던 창원 친구 C시인이 들려주는 이야기다.

시어머니가 창원 아들 집에 다니러 오신 다음날, 시어머니를 모시고 안민고개 벚꽃 구경을 시켜드렸다. 꽃구경에 시어머니는 아기처럼 좋아하며 행복해하셨다. 그 모습에 꽃을 좋아하는 친정어머니가 생각이 났다. 며느리의 조급한 마음을 알 리 없는 시어머니는 아들

집에서 느긋하게 지내시다 예정했던 날보다 한참을 더 머물다 가신 다음날이었다.

급히 서둘러 진주에 계시는 친정어머니를 모시고 안민고개에 갔지만 흐드러졌던 벚꽃은 이미 다 져버렸다. 늦게 모신 탓으로 만개한 벚꽃 시기를 놓쳐버렸다. C시인은 친정어머니를 먼저 챙길 수 없는 자신의 처지가 슬펐다. 참을 수 없는 서러운 눈물이 쏟아졌다.

"야야, 고마 울거라! 저기 개나리, 진달래도 피어 있네. 꽃구경했으니 그만 울거라."

시인의 어머니가 울고 있는 딸을 달래었다.

그때 며느리 마음을 알지 못하고 벚꽃에 행복해하시던 시어머니는 더 이상 벚꽃을 볼 수 없는 먼 길을 떠나셨다.

지금 이 순간에도 사랑하는 연인으로, 또는 혈육, 다정한 친구, 이런저런 인연들도 먼 훗날 그들만의 만날재의 전설을 만들어가고 있을 것이다.

세상 모든 만남이 안민고개의 만개한 벚꽃처럼, 소중한 인연으로 오래오래 행복했으면 좋겠다.

폭우 162×130 oil on canvas 2012

폭우

일곱 번째 개인전을 오픈했다. 아들이 폭우를 그리기 시작한 때부터 오늘까지 그 변화 과정을 100호 크기로만 작업하여 〈Heavy Rain〉으로 명제를 붙였다. 전시회 오픈이 한더위 때인 것 같아 망설여지는 나와 다르게, 아들은 그림 이미지와 맞게 소낙비가 자주 내리는 팔월 초에 하자고 주장하여 그에 따랐다.

전시회는, 갤러리를 계약하고 오픈해서 마치는 날까지 내내 신경 쓰이는 일의 연속이다. 전시되는 동안 날씨는 예상과 다르게 가뭄으로 고온 현상이 계속되었다. 방송에서도 35도를 넘나드는 더위의 조심을 알리는 폭염을 예보했다. 다행히 더위에도 아랑곳하지 않고 갤러리를 찾아오신 관람객들은 폭우 그림 앞에서 여름날의 열기를 식혀주는 시원함을 느낀다고 했다.

전시회를 마치고 아들은 제주 여행을 하자고 했다. 힘들었던 나에게 보상이라도 해주려는 마음이지 싶다. 제주도는 갈 때마다 새롭게 다가오는 자연 풍경으로 나를 감동시키고 쌓였던 스트레스도 날려 버리게 한다. 힐링이 되어 그곳에서 살아낼 힘을 얻어 온다. 특히 올레길에서는 제주의 속살을 낱낱이 보고 느낄 수 있고 아름다운 주변 풍경의 매력에 푹 빠지게 된다. 이번에는 올레 10코스를 걷기로 했다.

아침부터 엄습하는 제주의 더위가 예사롭지 않았다. 올레길을 걷기는 무리라는 생각이 들었다. 하지만 쉬 올 수 없는 곳이기도 하고 길에서 펼쳐질 풍경들도 마음을 당겨 쉽게 포기되지도 않았다.

티브이에서 호우주의보를 발령한다. 하늘에는 옅은 구름이 덮여 있다. 일기 예보처럼 장대비가 쏟아지면 아들은 제주도만의 특별한 빗줄기를 캔버스에 담아낼 것이다. 그런 아들과 달리, 나는 시원한 비를 맞으면서도 길을 걷기엔 여간 힘들지 않을 거라는 걱정이 앞선다. 하지만 아들이 캔버스에 그려내던 세찬 비를 직접 시원하게 맞아보는 것도 큰 의미가 있겠다 싶어 비상 우산을 챙겨 호텔을 나섰다.

올레길에는 코스마다 독특한 풍경이 있다. 오늘 선택한 코스는 서귀포시의 화순 '금모래' 해변에서 시작한다. 아들은 카메라 렌즈에 피사체를 담기도 하고 노트북에 스케치를 한다. 풍경 속 사물을 바라보며 의미를 담으려는 내 눈길도 바쁘다. 길모퉁이를 돌 때마다 시원한 절경을 선사해주듯, 생의 모퉁이마다 색다른 풍경 같은 행복이 주어진다면 정말 살아볼 만한 삶이 되지 않을까.

올레길은 내내 감동을 준다. 갯마을 바닷가로 이어지는 길을 걸으며 흘러내린 용암이 굳어져 현무암이 되면서 빚어놓은 여러 형상들을 발견한다. 긴 세월을 묵묵히 버텨내고 있는 바위의 심정을 헤아릴 길은 없지만 바닷바람에 실려 온 소식들을 담고 있는 듯 보인다.

올레길 10코스는 제주의 역사를 오롯이 품고 있는 길이다. '섯알오름' 정상에는 일제의 고사포 진지가 있고, 송악산을 돌아 벌판을 가로지르면 제주 현대사의 아픔을 간직한 4·3유적지가 앞을 막는다. 비극의 학살 터에는 양민 희생자의 명예 회복 진혼비가 세워져 있고, 대륙 침략을 위한 중간 거점 공항 기지였던 '알뜨르' 전투 비행장도 보인다. 일제 강점기 잔존들을 마주하니 더위에 지친 몸이 더욱 후덥지근해진다. 유난히 가슴저린 역사가 많은 코스다.

추사 김정희의 유배 길에 들어선다. 추사는 혹독한 시련 속에서도 독특한 '추사체'를 완성하고 국보로 지정된 문인화 〈세한도〉를 그렸다. 이 모든 것을 제주 유배지에서 완성하였다 한다. 시련을 딛고 끊임없이 자신을 갈고닦았던 추사 김정희의 삶은 느슨해진 지금의 내 모습을 되돌아보게 한다.

절반을 걸었을까. 더운 날씨에 길도 늘어졌나 보다. 더디기만 한 걸음으로는 가도 가도 끝이 보이지 않는다. 비라도 흠뻑 맞으면 시원하련만 휴대폰에서 알리는 호우경보와 다르게 하늘에는 비 한 방울도 떨어지지 않는다. 더위에 몸은 점점 지쳐가니 내 몸이 호우 경보를 알린다. 쏟아지는 비를 맞은 듯 땀이 온몸을 타고 연신 줄줄 흘러내린다. 옷은 어느새 땀으로 흠뻑 젖는다. 눈에 띄는 편의점에서 얼린 생수병을 구입하여 지친 몸에 퍼져가는 열기를 몇 번이나 식혀본다. 오늘처럼 푹푹 찌는 이 더운 날 길을 걷는 사람은 나와 아들뿐이다.

사서 고생이란 옛말처럼 오지게도 걷고 있다. 몸이 지치니 점점 말을 잃어간다. 종점까지 걷는 건 욕심이란 생각이 든다. 더 이상은 무리인 듯하다. 바다를 마주한 시원한 카페에서 더위에 지친 몸을 달래며 생각한다. 포기해야 할 것인가. 초지를 밀고 갈 것인가로 갈등한다. 에어컨이 뿜어내는 냉기와 찬 음료수, 아이스크림으로 다시 마음을 다잡고 발걸음을 내딛는다. 바다에서 간간이 불어주는 시원한 바람이 위로를 해준다. 질리지 않는 제주의 푸르름이 더없이 좋고 끝없이 펼쳐지는 바다가 마음에 편안함을 준다.

17.5km 코스를 완주했다. 성취감에 더위에 지친 몸도, 극도의 피로도 잊고 발가락 통증도 무뎌진다. 목적한 바를 이루었기에 기분이 좋다. 무겁게 달고 왔던 시름의 무게도 떨어져 나간다. 고통 후에 다가오는 행복이 크게 느껴진다. 무더위로 요동쳤던 마음은 편안하고 고요해진다.

호우는 끝내 내리지 않았다. 오늘의 여름 폭우는 내 몸에서 빗물처럼 흘러내린 땀이었다. 부산으로 돌아가면 땀으로 내렸던 그 여름비는 아들의 캔버스에서 물살을 치며 또 흘러내릴 것이다.

건망증

해마다 김장하는 날이면 맨 먼저 아들에게 김치 맛을 보게 한다. 음식맛을 특별히 잘 잡아내기 때문이다. 여태껏 실패한 적은 없었지만 맛을 보는 그 순간만은 긴장된다. 엄지손가락을 척 올린다. 까다로운 아들 입맛에 맞는다면 올겨울 김장은 성공적이다. 하지만 문제는 딸네 집에서 일어났다.

결혼 9년 차인 딸이 올해는 직접 김장을 해보겠다고 한다. 해마다 엄마가 해주던 김치 맛에 길들여진 딸이다. 김장 법을 전수해 달란다. 이제는 일 앞에 몸이 사려지는 터다. 그런 엄마가 안쓰러운 마음이 들어서일까. 언제까지나 엄마의 신세를 질 수 없다는 생각을 했나 보다. 반갑고 기특한 마음에 절임배추 주문 전화번호를 알려줬다. 배추가 도착하는 날에 딸네 집으로 갈 참이다.

나도 결혼하고 한참을 친정이나 큰집 형님들의 김치를 얻어먹었다. 의상실을 하다 보니 바쁘다는 이유로 김장김치를 담을 엄두를 내지 못했다. 특히 큰형님이나 둘째형님 김치와 친정 올케언니의 감칠맛이 나는 김장 솜씨는 까다로운 남편과 아들딸의 입맛을 사로잡았다. 그런 세월도 흐르다 보니 내가 김치를 담아야 하는 시기가 왔다. 애들도 컸고 한 가정의 주부로서 언제까지나 얻어먹을 처지는 아니었다.

처음 김장할 때는 살림꾼으로만 살아온 언니의 도움을 받았다. 그때 눈여겨본 양념 배합법을 다음 해부터는 내 나름의 김장법을 터득했다. 큰형님과 외숙모 김치를 최고로 꼽던 남편과 아들딸의 입에서 감동을 쏟아내는 김치 맛을 냈다. 그때부터 지금까지 김장김치 맛은 한 번도 실패한 적은 없다. 그렇다고 내 솜씨가 특별하다는 것은 아니고 그저 우리 가족의 입맛에는 그랬다. 이런 내 김치 맛을 전수받아 해마다 맛깔 나는 김치를 담아낼 딸의 모습을 그려보며 멸치 액젓과 새우젓을 챙겨 광주행 버스를 탔다.

광주에 도착한 날 오랜만에 딸과 김장 준비 재료를 사러 장으로 갔다. 굴, 쪽파, 무, 미나리, 갓, 청각, 생강, 마늘도 빠짐없이 샀다. 모처럼 딸과 함께 장바구니를 채우는 재미도 쏠쏠하다. 다음날 절임배추가 일찍 배달되었다. 배추에 물이 빠지는 동안 찹쌀 풀을 끓이고 멸치와 다시마로 육수도 끓였다. 열다섯 포기 배추에 고춧가루 세근 반으로 했다. 먼저 육수 물과 멸치 액젓으로 고춧가루를 불렸다. 매실청도 조금 넣었다. 다음 소에 들어갈 채소들은 기준은 없다.

내가 짐작하는 양만큼 넣었다. 너무 싱거워도 깊은 맛이 나지 않으니 소금으로 양념 간을 맞췄다. 소금물에 씻어놓은 굴도 챙겼다. 분명히 들어갈 재료는 다 챙겨 넣었지 싶다.

감탄할 김치 맛을 기대하면서 첫 번 배추에 양념을 발랐다. 속 배추 한 잎을 떼어먹었다. 짐작했던 맛이 아니다. 딸도 맛을 봤지만 너무 맵고 짜단다. 나 역시 다시 먹어봤지만 짠맛과 매운맛만 입안에 가득하다. 사위 입맛을 빌려본다. 약간은 짜지만 맛은 괜찮다고 한다. 아마도 장모님의 수고로움에 실망을 주지 않으려는 말인 줄은 알지만 역시 마음은 안절부절못하다. 김치냉장고에서 푹 삭아지면 짠맛은 사라지고 깊은 맛이 날 거란 생각으로 찜찜한 마음을 가라앉혔다. 삼분의 일정도 양념을 발라갈 쯤이다. 빈 김치통을 가지러 가던 딸이 소리를 친다.

"엄마! 어째 이런 일이."

싱크대 뒤쪽 그릇에 담겨있는 갈아놓은 마늘과 생강을 발견한 것이다. 너무 황당했다. 김치 양념에 제일로 중요한 마늘과 생강이 빠져버린 것이다. 버물린 김치가 제 맛이 나지 않은 이유였다. 요즘 깜빡하는 건망증이 심해진 내 탓도 있지만 아직 새파란 젊은 게. 딸에게 원망을 쏟아 부었다. 황당한 딸도 애를 셋을 낳고 보니 기력이 빠져 깜빡하는 증세가 심하다는 변명을 한다. 어이없는 상황에 둘이서 마주 보고 웃을 수밖에.

기억해야 할 단순한 것들을 내 뇌는 저장하는 기능을 잃어가는 모양새다. 점점 심해져 가는 건망증 때문에 결국은 이런 사단이 벌어졌다. 살아오면서 고통스러웠던 나쁜 기억들은 쉬 잊어버려도 좋으련만 시간이 더할수록 선명하고 뚜렷해지니 말이다. 내 건망증을 호소하면 들어주던 사람들의 황당했던 경험담을 들을 때면 나만이 당하는 일이 아니라는 동질감에 그런 때는 마음의 위로를 받기는 했다.

남은 양념에 갈아놓은 마늘과 생강을 섞었다. 먼저 발라놓은 배추 속을 털어내고 다시 양념소를 켜켜이 발랐다. 속잎을 떼어 맛을 본다. 마늘과 생강이 김치 맛에 조화를 부렸다. 짜고 맵던 김치 맛은 사라졌다. 입안에 부드러움이 감도는 감칠맛이 난다. 바로 이 맛이다. 딸과 마주 보며 안도의 웃음을 웃는다.

옛날 여인네들은 김치 맛을 과학적으로 연구했을 리가 만무하다. 김치에 마늘, 생강, 젓갈과 고춧가루로 양념해서 숙성시켜 오래 먹을 수 있는 먹거리로 만들어낸 옛 조상님들의 지혜가 혀를 차게 한다.

마침 배추와 양념이 딱 맞게 마무리가 되었다. 딸은 두 쪽씩 김치를 비닐 팩에 넣어 손자를 시켜 그동안 김장김치를 얻어먹었던 집으로 배달시켰다. 만드는 동안 황당한 사연도 있고 내 입에 맞는다고 다른 사람들의 입맛에 맞을까 하는 보장은 없다. 더구나 광주 사람들의 맛깔스러운 음식을 만드는 손맛을 이미 알고 있는 터다. 딸의 친한 지인들에게 체면을 세워줘야 하는데. 내색 못하는 마음만 좌불

안석이다.

한참 뒤다. 걸려온 전화통화 중 딸의 웃음소리가 경쾌하다. 김치 맛을 본 지인과의 통화로 딸이 환하게 웃는다. “광준이 엄마가 올해 먹어본 김장 중에 우리 김치가 제일 맛있다.”라고 한단다. 또 다른 분의 인사도 받았다. 물론 접대 인사겠지만 어렵게 만들어낸 김치라 말이라도 기분은 좋다. 무뎌져가는 뇌세포가 나를 황당하게 한 날이다.

그런데 딸이 양념 배합 비율을 알려 달랜다. 고춧가루만은 알려주겠지만 다른 것은 몇 그램이라는 기준으로 말하기는 난감하다. 그동안 해온 노하우로 어림잡아서 한다 했더니 딸의 얼굴이 난처한 표정이다. 그런 설명으로는 김치를 담아낼 자신이 없단다. 내년에도 엄마가 직접 와서 도와줘야 한다니 언제쯤이면 딸이 엄마의 그늘에서 벗어날까 싶다.

3부 어제 오늘 그리고 내일 또

소외된 공간 162×130 oil on canvas 1995

두모악에 머문 바람

제주 '김영갑 갤러리 두모악'을 찾았다. 평생 동안 피사체를 렌즈 속에 가두어 셔터를 누른 사진을 전시한 갤러리가 자리한 고즈넉한 삼달마을을 들어서는 순간 가슴이 메인다. 생전, 작가는 자신의 사진을 지키기 위해 작은 단층짜리 시골 폐교를 개조해서 갤러리를 만들었다. 도시의 웅장한 건물 속에 설치된 전시장과는 달리 정원 곳곳에 작고 앙증맞은 조형물들을 설치하여 아담한 정원과 어울리게 했다. 떠난 혼의 휴식처럼 갤러리는 잠든 듯 고요히 자리했다.

작가 사진도 전시장 입구에서 내방객을 맞는다. 헐렁한 카키색 군용 파카를 입은 그는 헝클어진 긴 머리를 아무렇게나 묶었다. 거친 바람에 휘날리는 빠져나온 머리카락들이 야생마의 갈기 같다. 머리 모양만으로도 거침없이 대자연 속을 자유롭게 헤매고 다녔음이 짐작된다.

그는 제주도의 자연만을 카메라에 담았다. 바람과 나무, 비와 돌, 햇살과 안개 등이 지금까지 사진 속에서 생생하게 살아 있다. 계절의 진행에 따라 시시각각 변하는 각양각색의 움직임을 두 번 다시 찍을 수 없는 자연의 진경이다. 순간이 영원 속에 묻힌 작품들을 남겨 놓았다. 무엇보다 드센 바람과 내리쬐는 땡볕도 견뎌낸 작가의 혼과 열정을 고스란히 담아냈다.

갤러리에 가기 전에는 예술 사진에 별 관심을 갖지 않았다. 그저 즐거웠던 모습이나 아름다운 풍경을 하염없이 바라보는 것으로 즐겼다. 그게 사진이고 사진 찍기라 여겼다. 한 장의 사진이 자연의 영감을 전해주는 줄 몰랐다.

'용눈이오름'의 사진들이 계절별로 걸려 있다. 오름의 변화였다. 갈대를 흔들어대는 샛바람의 짓궂은 장난이, 벼랑을 치받는 태풍에 화난 파도의 울부짖음이 모두 보이고 들린다. 아무도 바라보지 않는 곳에서 피어났던 들꽃과 풀들이 관람객들의 눈길을 잡고 있다. 글로 설명할 수 없는 자연에 대한 경외심과 감동이 전해진다.

갤러리에 설치된 영상 속에서 작가의 지난했던 생을 다시 보았다. 좋은 사진은 운이 좋아야 찍히는 게 아니다. 스스로 준비해서 맞는 것이라는 사실을 새삼 깨닫는다. 그는 가슴 뛰는 풍경을 사진으로 찍을 수 있다는 것만으로 들판과 오름 위에서 몇날 며칠을 견뎌냈다. 유배의 땅에서 누구도 볼 수 없는 신비한 '이어도'만을 보려 하였다.

허접한 생활에도 후회하지 않았다고 생각한다. 두 번 다시 찍을 수 없는 귀한 순간을 렌즈에 담는 것이 세상 누구도 누릴 수 없는 특별한 행복이라 여겼다. 고단한 삶을 다른 누구에게 미룰 수 없다 하여 결혼도 하지 않았다. 누구나 누릴 수 있는 일상의 행복마저 포기했다. 그는 오직 사진으로 촉망받았다는 생각을 하니 영상 속 모습을 보는 내내 가슴이 먹먹해진다.

그는 사진작가로 인정받을 여지조차 포기했다. 돈으로 상을 사거나 이름을 구하지 않았다. 추천 작가가 되려고 중앙을 기웃거리지도 않았다. 대가의 그늘에 들기 위해 여기저기 몰려다니지도 않았다. 오직 뒷 그늘에서 사진의 밝은 빛만을 찾았다. 그를 통해 어떤 것이 진정한 예술인지, 작가 정신이 무엇인가를 느끼려 하였다.

보통 사람들은 그의 삶을 측은한 눈으로 바라봤을 것이다. '시인은 단어 하나를 찾아 몇 달을 아파하고, 화가는 선 하나를 얻기 위해 몇 년을 아파한다. 사진가는 셔터 한 번을 누르기 위해 오직 기다린다.'고 말한 것처럼 그에게는 사진만이 전부였다. 자연의 움직임을 순간 포착하기 위해 기다리는 것이 예술가의 의지와 인내이다. 그저 찍고 싶은 순간을 포착하면 그만이었던 그의 삶이 처절하다 못해 경이롭다. 카메라에 담아낸 제주의 모습은 아름답다. 사진 찍는 작업이 수행이라 할 만큼 영혼과 열정을 모두 바친 그의 생이 새삼스럽다.

그림 그리기가 삶의 전부였던 또 한 사람의 예술가가 오버랩된다.

그 역시 예술혼을 위해 어떤 것에도 치우치지 않았다. 생활인으로서는 조금의 융통성도 없었던 그는 자신만의 예술 세계를 위해 치열한 삶을 살아냈다. 어려웠던 상황에서 끝까지 포기하지 않았던 열정을 태우며 생을 다하고 떠났다. 짧았던 생이 슬프고 안타깝다.

김영갑 작가가 생애 동안 지녔던 카메라를 보았다. 잠겨 있는 유리창 안에는 만지고 닦아주며 세상 무엇보다 가장 소중한 분신이었던 주인 잃은 카메라가 오도카니 전시되어 있다. 찡하다. 손에 들고 읽었던 책들도 가지런히 정돈되어 있다. 애지중지여겼던 것들은 그대로인데 작가만 없다. 잠깐 외출 중인 것처럼.

김영갑 작가는 어느 날 루게릭병을 진단받았다. 이후, 더 이상 사진을 찍지 못하게 되자 아픈 몸으로 손수 실어나른 돌과 나무들로 아담한 정원을 조경했다. 그가 심었다는 감나무들이 줄지어 서 있다. 안내원이 세 번째 나무를 손으로 가리켰다. 그 감나무 아래에 김영갑의 유해가 뿌려져 있다고 한다. 바람으로 살아온 작가답게 흔적으로 남겨져 생각하게 한다.

돌아올 수 없는 소멸해간 아픔으로 고스란히 남아 있는 김영갑. 그러나 빛으로 영원하는 사진작가. 감과 잎을 떨어뜨린 나뭇가지에는 시린 바람 소리만 들린다. 이별이 서러워 억새 숲을 헤집고 그리움으로 달려온 제주 오름의 바람이 감나무 가지를 울린다.

마치 병마로 근육이 말랐던 앙상한 작가가 세찬 겨울바람을 견뎌내며 서 있는 듯하다.

어제 오늘 그리고 내일 또

더는 미룰 수는 없었다. 아들이 갤러리를 계약하고 전시 준비를 하는 동안 나는 무엇에 쫓기듯 마음의 갈피를 잡지 못했다. 《어제 오늘 그리고 내일 또》로 이름 붙여진 유작전을 위한 작품 도록이 인쇄되어서 배달되자마자 첫 장을 넘겼다.

그가 그곳에 있었다. 생전 그대로 대형 이젤과 마주하고 물감을 캔버스에 덧칠하고 있었다. 오롯이 그림 속에 빠져 있는 옆모습이 지금까지 겨우 지탱하고 있던 내 마음을 와르르 무너뜨렸다. 금방 빠져나올 만큼 생생한 그가 나를 향해 돌아서 미소를 던질 것만 같았다. 가까스로 정신을 차려 사진으로 박힌 그의 그림을 더듬기 시작했다.

유작전이 열리기 전날, BS갤러리로 디피 전문 선생님께서 오셨다. 남편의 깐깐한 성격과 취향을 곧잘 짚어내던 분이다. 서로 취향이 맞았는지 개인 전시회를 개최할 때마다 그에게 일을 맡겼다. 김화백님의 그림을 서정적으로 걸어 보겠다며 그림의 분위기와 크기를 조절해가며 천천히 화랑 벽에 걸기 시작했다. 수필가로 첫발을 내딛게 해준 나의 등단작 〈11월의 노랑나비〉에 모티프를 제공한 그림은 남편이 지어준 '여운'이란 표제를 달고 입구 첫 번째 자리에 걸렸다. 전시 화랑이 마침내 그의 예술혼으로 가득 찼다.

나는 그림 하나하나와 조우하고 있었다. 그와 다시 마주하게 되었다. 그는 작품이 완성될 때마다 나를 불러 평가 해주기를 원했다. 화가 아내로 살면서 생긴 안목 때문일까. 그것보다는 아내에 대한 지아비의 애정 표현일 것이다.

"더 이상 붓질하면 이상해지겠지?"

그림 앞에 선 그가 지금 그렇게 묻고 있었다. 갑자기 눈앞에 운해가 내린다.

그의 작품 〈어제〉는 그랬다. 처음 그는 콩나물을 즐겨 그렸다. 성장 환경의 표현이라고 말했다. 칠남매의 늦둥이로 태어나 듬뿍 받은 어머니의 사랑을 복고적으로 승화시킨 콩나물 시리즈였다. 뉘를 골라내어 시루에 안치고 잊지 않고 물을 주어 키운 정성처럼 어머니는 그렇게 가족을 키웠다. 콩나물을 고봉밥처럼 담아 가족의 먹을거리를 걱정하던 어머니의 아픔과 보람을 그려냈다.

콩나물을 그리기 위해 전통 방식을 고수하는 공장을 찾아 헤맸다. 부산 사직동에서 나무통에 콩나물을 기르는 공장을 찾은 후에는 화구박스를 챙겨 그곳에서 살다시피 했다. 캔버스에 옮겨진 서민적 콩나물 작품은 누구에게나 친근감을 주었다. 재일교포들은 고국의 향수를 느낀다며 한두 작품씩 구입해 가기도 했다. 변형적 구도로 그려진 콩나물 작품들이 공모전에 출품되었고 그를 추천작가의 반열에 올려놓았다. 가난했던 화가에게 콩나물이야말로 일용할 양식이면서 노스탤지어의 노란 손수건이었다.

자리를 옮겨 〈오늘〉의 작품 중의 하나인 〈소외된 공간〉 앞에 선다. 쉬 닿을 수 없는 기법을 수차례 시도하는 동안 초조한 속내를 감추며 가능성이 보이기를 함께 목말라했다. 실패가 이어지는 동안 술 담배를 모르는 그에게 닥쳐온 스트레스는 잠마저 앗아갔다. 그에게는 포기가 없을 정도로의 노력과 타고난 재질은 대단했다. 따끈한 커피 한 잔이 내가 줄 수 있는 전부였다. 그는 그것을 무언의 위로로 받아들여 주었다. 그는 그만의 독특한 세계를 이렇게 설명했다.

'이중적 공간은 캔버스와 망이 만나 공간을 또 다른 하나의 공간이라 하고, 그 위에 색이 얹어지므로 해서 생겨나는 무수히 많은 단위 공간을 말하는 것이다. 이 많은 단위 공간들은 망선 위에서 물감이 적절히 배치함으로써 두텁거나 혹은 얇게 조형적 균형을 얻게 된다. 사포로 문지르는 과정을 거치면 마침내 악어 등짝 같은 묘한 형상을 드러낸다.

거시적 형태가 단순히 표현으로 드러나는 것이 아닌 단위 공간 속에 쌓여 있는 색의 두터움의 차이에 의한 것이라는 인식의 전환을 감상자에게 일으키게 한다.

– 제3개인전 '작가의 설명' 중에서

이렇게 시도는 마침내 그만의 작품세계를 탄생시켰고 대한민국미술대전에서 인정받았다.

〈그리고 내일 또〉는 바람의 공간이다. 화실 창문 밖으로 보이는 변두리 판잣집이 모여 있는 도시, 소외된 인간과 가족의 집들. 언제 철거될지도 모르는 적산가옥에는 시한부 삶들이 살고 있었다. 지붕을 기껏 천막비닐로 가린 채 오늘을 넘길지라도 내일을 위해 조그만 희망을 품고 산다. 그는 그냥 살아야 하는 인간의 모습을 그곳에서 보았다. 그곳은 자신의 소외된 심적 공간이기도 했다. 부모 형제로부터 화가라는 직업을 인정받지 못한 외길에 그는 혼자 서 있다. 가옥들이 철거되고 사람들이 뿔뿔이 흩어졌다. 그곳을 애절하게 바라보던 화가는 떠나버렸고, 그림 속에는 시간만 남아 있다. 그는 영원한 화가이고 나는 그의 아내로 살아서 행복하다.

밖에는 어둠이 조용히 깔린 시간, 고즈넉한 그의 작품을 바라본다. 평생 그림만 그리고 살 수 있어 행복하다고 말하던 그 사람, 병실에 누워서도 그림을 그리려던 그가 지금 여기에 없다. 캔버스에 그려진 그림도 마음에 그려지면 그리움이 되는가. 오늘 저녁, 나는 마음속에 그를 그리고 있다.

내일이면 유작전이 오픈한다.

생 53.0×45.5 oil on canvas

아름다운 배려

아들의 제주도 스케치 여행길에 동행했다. 이번에는 공항에서 차를 렌트하지 않고 일주버스를 타기로 정했다. 많이 걸어야 한다며 출발부터 으름장을 놓는다. 걸을 자신이 없으면 혼자 다녀오겠다는 의미가 숨겨져 있다. 아직은 빠른 걸음과 기력이 있어 "걱정마라."며 따라나섰다.

제주공항에는 국내외 관광객들로 북새통이다. 공항을 빠져나온 많은 사람들이 풍경을 찾아 썰물처럼 빠져나간다. 나도 아들이 짜놓은 계획된 일주버스 정류장으로 향했다.

가는 곳마다 자연 풍경의 천연 전시장이다. 제주도는 천지 창조주로부터 복을 많이 받은 곳이라는 생각이 저절로 들 정도로 버스 창밖 풍경은 달라진다. 해안을 끼고 뻗은 바다 위로 따사로운 오월의 햇살이 뒤척인다. 밤바다에는 고기잡이배들의 집어등이 불꽃을 피우고 있다. 언제 이런 비경을 누린 적이 있었던가 싶다. 유명 맛집을 찾아 입맛에 맞는 해물요리를 먹는 복까지 누린다. 느지막이 주어진 행운을 한껏 즐기기로 한다.

'월정해수욕장'에 다다랐다. 아들은 열심히 바다를 스케치하며 카메라 앵글에 담기에 바쁘다. 나는 바다에 오면 언제나 엄마 품속에 안기는 듯한 기분을 갖는다. 산호가 부서져 만들어진 하얀 모래와 쪽빛 바다는 바라보기만 해도 즐겁다. 수없는 문장들이 머릿속에 있건만 눈먼 글귀 하나 낚여지지 않는다.

만장굴을 구경하고 나오니 순환버스가 출발해버렸다. 다음 버스는 두 시간을 기다려야 한다. 차를 렌트하지 않은 불편이 벌써 시작된다. 눈치 빠른 택시기사가 삼만 오천 원을 내라며 흥정을 걸어온다. '선녀와 나무꾼'을 구경한 다음 기다리다 '메이즈랜드'까지 태워 주겠단다. 입장료 할인 서비스도 해 주겠다고 한다. 영업 전략이란 걸 알지만 이런 상황에서는 다른 선택은 없다.

60~80년대 테마로 구성된 '선녀와 나무꾼' 구경을 마치고 '메이즈랜드'에 도착했다. '메이즈랜드'에는 세 길이 있다. '돌 미로'는 제주 돌담 형식으로, '여자 미로'는 애기동백나무로, '바람미로'는 측백나무 울타리로 만들었다. 복잡한 미로를 운동 삼아 걸으며 출구를 찾는 게임이지만 피톤치드와 원적외선과 음이온이 방출되어 건강에 도움을 주기도 한다.

미로를 잘못 들어가면 하루 종일 헤매게 되니 아들 뒤만 따라오란다. 문득 여자의 일생과 비교되는 길인 듯 '삼종지도三從之道'가 생각난다. 여자는 출가 전에는 아버지를, 출가 후에는 남편을, 늙어서는 아들을 따른다는 내용이다. 나는 자식들의 길을 터주는 부모의 역할에 서 있다고 생각하건만 지금 마지막 길인 아들 뒤를 따르고 있는 중이다. 만약 내 앞에 아들이 끌어주지 않는다면 복잡한 길에서 허둥대고 있을 것이다. 하지만 편하다는 이유로 아들이 끌어주는 길을 따르기만 할 일이 아닌 듯 느껴진다. 언젠가 아들은 제 둥지를 찾아 떠나야 한다. 아련하다. 한순간 머릿속이 복잡해진다. 어쨌든 지금은 아들이 끌어주는 길을 따라 편하게 출구로 나올 수 있었다.

또 한 시간 남짓 기다려야 한다. 일주버스 정류장까지는 한참을 더 걸어가야 한다. 내색은 못하지만 더 이상 걷는 건 무리다. 순환버스 시간표만 원망스럽게 바라보다 버스정류장으로 발길을 돌리는 순간 젊은 남녀가 탄 차가 다가온다. 차창 밖으로 아가씨가 얼굴을 내민다. 제주도 관광 위치를 물어도 당연히 잘 모른다고 대답할 참이다.

"어디까지 가세요? 가시는 곳에 내려 드릴 테니 저희 차를 타세요."

"터미널까지 갑니다만…."

운전석에서 내린 젊은 남자는 뒷좌석에 있는 여행 짐을 트렁크로 옮기며 편히 앉으라고 권한다. 버스는 한참 기다려야 하니 부담 갖지 말라고 아가씨는 당부까지 해준다. 거절할 입장이 아닌지라 타긴

했지만 뜻밖의 친절에 어리둥절하다. 고맙다는 인사만 연거푸 했다.

생면부지의 사람으로부터 친절을 받는다는 것이 부담스러우면서도 행운이라 여겨진다. 낯선 지방에서라면 더더욱 그렇다. 한 시간가량 달려 버스터미널에 도착했다. 길옆에 정차시켜 달라고 부탁했더니 기어이 좌회전하여 터미널 앞에 차를 댄다. 고마움에 철철 넘치는 인사를 하고 싶었지만 엉겁결에 나오는 인사는 간단했다.

"고맙습니다. 복 많이 받으세요."

두 젊은이들은 동그래진 눈으로 함박미소를 띤다. 남은 여행 잘하라며 손까지 흔들어 준다.

그들이 즐기는 오붓한 시간이다. 낯선 사람을 자신들의 공간 안에 끌어들인다는 것은 쉽지 않을 텐데, 왜 그들은 우리 모자를 태웠을까? 다른 관광객들 속에서 사진을 찍고, 노트에 스케치하는 모습을 눈여겨보았을까. 아니면 엄마를 챙기는 아들을 보고 함께하지 못한 그들의 부모님이 생각났을까. 과분한 호의에 행복한 날이다.

그러고 보니 부산에 올 때 한번 찾아달라는 인사가 빠졌다. 아름다운 귀한 인연을 어설프게 놓쳐버린 아쉬움이 크게 다가온다. '함부로 인연을 맺지 말라.'는 법정 스님의 말씀이 생각난다. 나에게 베푼 분의 덕을 귀하게 여기라는 말씀으로 받아들인다.

한참 서서 멀어져가는 차를 바라본다. 편안하고 영원히 복 받는 아름다운 삶이 그들에게 있기를 진심으로 빌어 본다.

향리 53×28 oil on canvas 2010

능陵에 핀 꽃

봄볕이 좋은 날, 김해 '수로왕릉'을 찾아갔다. 수로왕릉은 국경을 초월한 기막힌 사랑의 스토리텔링을 지닌 유적지다. '가락국' 왕과 '인도 아유타국' 공주의 사랑은 최초로 국제결혼을 한 커플이 아닐까 싶다. 김해 김씨 왕손이란 자긍심이 대단했던 남편의 '시조부'인 그 왕궁을 염탐하듯 수로왕과 허황후의 로맨스를 떠올리며 능 주변을 맴돌았다.

능은 밖에서 보면 작은 공원처럼 보인다. 마치 도심 속에 '가락국'이 섬처럼 여겨진다. 수로왕릉의 경내에 들어서니 깔끔하게 잘 가꾸어진 능과 정원이 고즈넉한 기운을 풍겨낸다. 왕릉의 규모는 마음만 먹었으면 조선 사대부 가문에서도 충분히 모방할 듯 작아 보인다. 잘 다듬어진 푸른 잔디가 곱게 깔려 삶과 죽음이 나눠져 있는 게 아니라 이천여 년 전의 '가락국'이 오늘과 한데 어울려 있다. 몸과 마음을 추스르니 '가락국' 수로왕이 살아 있는 듯하다.

옛 왕릉들이 그렇듯 이곳 경내에도 기상이 넘치는 멋진 소나무들이 울창하다. 예로부터 선비들이 좋아했다는 반송도 매력적이다. 그 곁에 유독 눈에 띄는 청초한 꽃을 보았다. 화려하지 않으면서 단아한 모과꽃이었다. 모과는 못생긴 과일이란 편견 때문일까. 지금껏 나는 모개 덩어리라는 흉을 보면서도 꽃에는 관심을 두지 않았다. '어물전 망신은 꼴뚜기가 시키고, 과일 망신은 모과가 시킨다.'는 말처럼 꽃도 못생겼으리라는 짐작으로 모과꽃을 제대로 살펴보지 못했다. 예쁜 모과꽃에 놀랐다. 무례했던 언행이 부끄러울 정도로 가늘게 핀 꽃은 순박하고 소박미를 갖춘 여인을 닮았다.

봄꽃들이 잎 따로 꽃 따로 핀다면, 모과는 꽃과 잎사귀가 함께 핀다. 꽃은 푸른 잎이 받쳐줄 때가 더 아름다운 것처럼 사람도 마찬가지다. 남자와 여자가 만나 조화를 이룰 때가 잘 그려진 그림같이 완성을 이룬다. '인도 아유타국'에서 '가락국' 수로왕을 찾아온 허황후의 모습이 이처럼 단아하고 고왔을까. 한참동안 꽃에서 눈을 떼지 못한다. 연두색 잎사귀 뒤에 숨어 수줍게 피었다 진다. 잔잔한 아름다움이 느껴지는 꽃이다.

향기로운 모과는 채를 썰어 꿀이나 설탕에 재워두고 겨울을 맞는다. 잘 익은 모과는 어느 테이블 위에 올라앉아도 국빈 대우를 받는다. 종종 날렵한 승용차에 동승한 채 가을 여행을 떠나기도 한다. 연초록 잎 사이로 수줍게 내민 꽃모습이 언니를 닮은 듯 보인다. 내 기억 속에 머물고 있는 언니의 삶은 힘겨웠다. 어머니의 닦달 덕분에 언니의 손끝은 야물고 일새가 좋았다. 자식들에게 유독 엄했던 어머니만의 교육방식 때문이다. 혼자서 자식을 키워야만 했던 탓에 자식들이 남에게 손가락질당하는 걸 결코 원치 않았다.

어머니에게 맏딸은 모과꽃이었다. 진작 열매의 진한 향기를 기대했는지도 모른다. 부모가 반복을 태워준다는 옛말이 있듯이, 딸자식은 곱게 키워야 시집을 가도 팔자가 좋아 잘 산다는 말이 있다. 모질게 키운 탓인지, 언니의 운명인지는 모르겠다.

주위 어른들로부터 칭찬을 받고 자란 언니가 어머니의 바람대로 시집을 갔다. 층층시하의 시집살이는 인내가 필요했다. 언니는 친정에서처럼 시댁에서도 자신을 드러내지 않고 조용히 인내하며 살았다. 유별나게 굴었던 동기간들의 틈새에서도 자식만 보고 살았지만 언니를 더 힘들게 한 것은 밖으로만 나돌았던 남편이다. 시집살이의 방패막이가 되어주지 않았다. 그런 언니가 어머니의 기대만큼 잘 살지 못하고 가정사의 온갖 고통을 온몸으로 겪어냈다. 한번쯤 저항이라도 했더라면 언니의 삶이 그리 답답하게 느껴지지는 않았을 게다. 큰딸 고통에 누구보다 애간장이 녹는 사람은 딸을 지켜보는 어머니다. 그저 참고 잘 견디며 살라는 간곡한 부탁만 할 수밖에 없었다.

저 작은 꽃이 어떻게 큰 열매를 만들어 냈을까. 열매는 굵어가면서 성숙된 향을 품어간다. 작은 꽃이 주먹만 한 과실을 만들어 내듯, 다행스럽게 언니의 후반기 세월은 삶의 향기로 가득했다. 성장한 자식들은 잘 익은 모과처럼 행복한 삶을 이루어냈다. 언론사에서 큰 몫을 하고 있는 사위와, 의사인 아들 부부가 힘든 생을 견뎌온 언니에게도 편안한 삶이 되어주고 있건만, 군데군데 시커멓게 변질되어 굳어버린 상처들이 없지 않았다. 자식들이 언니에게 위로의 처방전이 되었지만 평소에 말이 없는 언니는 종종 모진 세월을 넋두리한다.

꽃을 따서 향기를 맡아본다. 다섯 꽃잎으로 핀 꽃이 이미 작은 열매를 달고 있다. 열매에서는 아직 풋내가 난다. 봄이 깊어지면 수로왕과 허황후가 만들어낸 사랑의 향기처럼 모과의 향기도 짙어질 것이다. 왕릉에서 잠깐 보았던 꽃만큼이나 언니의 삶이 애잔하다.

골방에서

양정 대학로 입구 허접한 건물 앞에 선다. 한 사람이 겨우 올라갈 수 있는 가파르고 좁은 이층 계단을 오른다. 한 사람 한 사람 반갑게 손님을 맞이하는 아가씨는 행사를 주관하는 분인 듯하다. 오늘 여기에서 해금과 기타, 기타와 타악기의 이중주가 연주된다고 한다.

웬만해서 대문을 나서지 않는다. 그런 내가 답답하게 보였는지, 집에만 있지 말고 색다른 경험도 해보라는 아들 권유에 용기를 내어 찾아온 곳이다. '골방에서 작은 음악회'였다. 희미한 불빛이 비치는 골방 안에는 아주 작은 무대가 만들어져 있다. 몇 평 되지 않는 객석에는 먼저 온 사람들로 꽉 채워졌다. 맨 뒷자리에 있는 빈 의자에 앉았다. 내가 알고 있는 골방이 이렇게 색다른 문화 공간으로 변하다니.

아들이 연주회에 가자고 했을 때 약간은 짐작했다. 주위를 둘러보았다. 거의가 젊은 층이다. 몇 명이 나이가 많아 보였지만 사십대 후반쯤으로 보인다. 내 연배의 사람은 한 명도 없는 듯하다. 나이를 의식하니 앉은 자리가 어색하고 마음이 불편해진다.

나에게는 아직까지 골방의 추억이 남아있다. 냉장고가 없던 시절이다. 최씨 집안의 종갓댁인 큰집에서는 대소사가 그치지 않았다. 침침한 골방에는 제사에 쓰일 귀한 식재료들이 보관되어 있다. 입안에서 살살 녹는 홍시, 곶감, 생엿, 강정 같은 것들이다. 또래의 사촌과는 죽이 잘 맞았다. 맛난 것들의 유혹을 뿌리치지 못한 마음은 종종 거사를 치를 때가 있다. 어른들이 집을 비우는 날을 골라 둘이서 긴장된 마음으로 침침한 골방 안으로 들어선다. 순간 돌아가신 증조할머니가 우리 행동을 지켜보며 버릇없는 요년들! 하고 긴 담뱃대로 후려치는 듯해서 소스라쳐 뛰쳐나오기도 했다.

골방에 대한 내 추억은 그런 것이지만 지금의 골방 문화가 확연히 달랐다. 옛 골방이 음식을 저장하는 곳이라면 현대의 골방은 문화를 저장하는 곳이라 느껴진다.

클래식 연주자 두 분이 좁은 무대에 섰다. 티브이에서 보는 연주자의 깔끔하고 세련된 모습은 아니었다. 군인들이 한겨울에 입는 파카 안에 든 내피를 입고 있다. 일명 깔깔이라는 누비옷이다. 오늘 의상에 특별히 신경을 썼다면서 사람들에게 처음부터 웃음을 준다. 전혀 음악가 같지 않은 수더분한 모습이다.

리더로 보이는 연주자가 젊은 연주자를 청출어람靑出於藍이라 소개

했다. 독일에서 연주 공부를 마친 제자가 지금은 자신보다 뛰어난 실력가라며 대견해하는 표정이다.

연주하는 몇 곡들은 귀에 익은 곡이다. 어색했던 자리가 조금씩 편안해진다. 한 곡 연주가 끝나고 다음 연주될 곡에 대한 설명을 해주니 감상과 이해가 한결 수월하다.

기타 연주자의 손길에 눈이 간다. 우람한 체구에 비해 남자의 손 치고는 작고 창백했다. 손가락도 말랐다. 저 가냘픈 손으로 기타 연주가 아니었음 무엇을 하고 살아갈 것인가. 손이 작아 거친 노동일을 할 수 없어 기타를 안을 수밖에 없었다고 했다. 그것이 손이 작은 연주자의 평생 주어진 노동으로 생각하며 또한 축복이라 하겠다.

나는 여자 손치고 몹시 거칠어 부잣집 큰 머슴 손 같다. 바쁜 일상을 챙기느라 고무장갑을 끼는 번거로운 시간마저 줄이느라 늘 맨손으로 세제에 손을 담그며 살았다. 손길을 부드럽게 하는 크림도 정성 들여 발라 본 적이 있었나 싶다. 내 손에게 주인으로서 참 미안하다. 하지만 누구 앞에서도 내 거친 손을 부끄러워 한 적은 없다. 어쩜 사람은 손이 생긴 대로 삶도 그렇게 주어지나 보다. 그래서 손금으로 앞날의 운명을 가늠해 보기도 하는 것 같다.

해금 연주는 처음 들어본다. 너무 생소하고 새롭다. 전통과 현대가 어울리는 곡이다. 연주를 듣는 내내 전율이 흐른다. 해금의 두 줄로 애절한 소리가 골방 가득, 내 가슴속에도 그득, 절절히 흐른다. '적념寂念' 음악 제목이 주는 뜻 그대로 마음이 고요해진다. 중간 중간에 몸통을 두드려내는 둔탁한 기타 연주 음악 효과가 듣는 귀로 하여금 슬픔에서 일깨워 준다. 손놀림이 예사롭지 않은 타악기의 연주도 어깨를 들썩이게 하고 신명을 돋게 한다.

곡이 끝나면 연주자는 손을 흔들기도 하고 잠시 손가락을 마사지하기도 한다. 오랜 시간 현란한 연주를 하느라 손가락에 통증이 오나 보다. 기타 연주가 좋아서 선택했지만 결국 잘하는 것은 아니라고 그가 말했다. 오늘 공연을 위해 연습하느라 며칠 밤을 새웠다고 한다. 아무리 좋아하는 기타지만 건강을 잃으면 모두가 끝나는 것인데 그런 줄 알면서 죽어도 포기는 못한다고 한다. 나이가 들어 보이기는 한데 아직 결혼도 하지 않았단다. 수수하다 못해 조금은 초라해 보이는 모습에서 예술가의 고단한 삶이 읽혀진다.

연주하는 모습이 남의 일 같지 않아 마음이 짠하다. 아무리 끈끈한 애정과 신뢰도 가난이 문을 열고 들어오면 사랑은 창문으로 달아난다는 말이 있지 않은가. 연주를 하고 있는 그들의 모습은 모든 것을 초월한 듯하다. 기타 하나만을 붙들고 사는 가난한 예술가의 승화된 연주를 보여준다. 음악이나 문학, 또는 화가, 그들이 추구하는 예술혼은 그 어떤 이유로도 막을 수 없다는 것을 나는 안다.

음악 연주회가 끝났다. 젊음 속에서 새로운 연주를 감상한 것이 새롭고 환상적이다. 나오는 입구에는 작은 모금함 상자가 마련되어 있다. 가난한 예술가를 위한, 새로운 예술의 장르를 체험한 감사함의 뜻으로 약간의 금액을 넣었다.

타악기의 신명이 남아 있나 보다. 들어갈 때의 주춤해하던 모습과 달리, 골방을 나서는 나는 어깨가 들썩이고 몸은 날아갈 듯이 가볍기만 하다.

두 조각상

유난히 이별의 아쉬움이 크게 다가오는 날이 있다. 이런 날은 어디론가 훌쩍 떠나고 싶어진다. 옛 주인은 떠나버리고 여기저기 흩어지고 묻힌 것들이 발굴되어 보관 전시되어 있는 '경주박물관'을 찾아가기로 마음을 정했다. 전시된 오랜 유물들을 바라보며 남겨진 것에서 남아야만 하는 아픔을 위로받고 싶은 속내가 있었다.

정오 무렵, 경주박물관으로 들어선다. 종각에는 에밀레종으로만 알고 있었던 '성덕대왕신종'의 몸체가 제일 먼저 눈에 띈다. 사방으로 트인 야외 종각에 매달린 채 맨몸으로 오랜 세월을 견뎌내고 있다. 시간에 맞추어 들려주는 종소리가 마치 사라진 왕국으로 안내하는 신호인 듯하다. 경주는 신라인들이 남겨놓은 유적을 잘 보존하고 있다. 불법을 전하는 나라답게 박물관에 수장收藏된 유물들은 옛 신라인들의 자비로움이 영혼의 빛을 발하고 있다. 사람들이 유물을 눈으로 새겨보며 신라의 옛 시절로 빠져든다. 누구나 생을 영원할 것처럼 살고 있지만 때가 다가오면 흔적들만 남기고 떠나기 마련이다.

한국 조각의 걸작이라 평가받는 '금동반가사유상' 앞에 섰다. 오른손을 턱에 괸 채 묵상하는 작은 부처다. 유리관에 소중히 모셔져 있다. 지금도 살아있는 붓다 같다. 오른쪽 다리를 왼쪽 무릎에 올리고 오른손으로 턱을 받치고 있다. 젊은 싯다르타를 나타낸 것이다. 왠지 반가사유상의 모습이 낯설지 않다. 인간 태자상의 현상으로 상체는 곧고 당당하다. 석가모니가 출가하기 전 맑은 정신적 문제에 대해 깊이 사유하는 모습이다. 무릎 아래에서 사방으로 천의 주름이 넘실거리는 호수의 물결 같다. 무한한 평정심과 자비심이 느껴진다.

내게는 또 다른 반가사유상이 있다. 꼿꼿한 자세와 긴 팔다리로 이젤 앞에 앉아있다. 오른쪽 다리를 왼쪽 무릎 위에 올려놓은 모습이다. 캔버스에 붓질로 묻어가는 색감을 응시하는 눈길은 진지하다. 오뚝한 코 선 아래 일자로 다문 입은 좀처럼 열릴 것 같지 않다. 이럴 때는 아무 말도 건네지 않아야 한다는 것쯤은 이미 알고 있다. 그림이 완성 단계에 도달하면 그는 습관처럼 턱을 고이고 그려진 그림을 바라보며 예술의 깊이를 고뇌한다. 그 모습이 너무나 뚜렷하여 지금도 문득문득 생각난다.

그는 화실을 벗어나지 않았다. 하루 종일 그림만 그렸다. 방해될까 봐 가까이 다가가지 못한 나는 언제나 그의 뒷모습만 보았다. 눈을 감아도 떠도 반가사유상처럼 그림에 대해 깊은 사색을 하였다. 붓질에서 의도하는 예술의 본질이 느껴질 때면 기쁨을 안으로 다스리는 미묘한 미소를 지었다. 그런 그가 떠났다. 화실에는 주인 잃은 크고 작은 이젤들만 오도카니 서 있다. 통에 꽂혀 있는 여러 가지 용도의 붓들도 언제나 잡아주던 따스했던 손길을 기다리는 듯 무료한 시간을 견디고 있다. 가장자리에 남겨진 물감이 켜켜이 쌓여있는 팔레트도 퇴색되어 윤기마저 잃어가고 있다. 내 얼굴보다 더 많은 시간을 마주하고, 내 손길보다 더 오래 잡았던 것들이 박물관의 유물처럼 남아 있다. 더 이상 그림을 그리는 모습은 볼 수가 없다. 끝나버린 예술적 재능의 아쉬움까지 남겨 놓았다.

아마도 그는 먼 나라의 화공이었을 게다. 윤회하여 21세기의 현대화를 그리는 서양화가로 태어난 거다. 다음은 어떤 세상에서 어떤 예술가로 태어날까. 부처님의 자비가 내 앞에 있듯, 오랜 세월이 흐른 후에는 그가 남긴 그림들도 바라보는 이들에게 마음의 위로를 안겨주는 자비의 공양이 될까.

실내의 침침한 조명에도 작은 유리관 속의 금동반가사유상이 유난히 빛을 발하고 있다. 넋을 잃고 한참을 바라본다. 몸체가 작아서만은 아니다. 볼수록 마주한 눈길이 아늑해진다. 눈길을 주고받는 만남에는 영원한 이별은 없다. 인간의 고통과 번뇌, 죽음을 잘 묘사

했다는 세계적인 조각가 오귀스트 로댕 작품 '생각하는 사람' 조각상을 떠올려본다. 하지만 나에게는 지금 눈앞에 있는 금동반가사유상과 오직 내 마음 한가운데 자리한 또 하나의 조각상일 뿐이다. 떠나온 곳에서의 뜻하지 않는 해후가 반갑고 슬프다.

신라 예술 문화에 감탄한다. 예술이란 천년을 뛰어넘었건만 잊히지도 사라지지도 않는다. 박물관에 전시된 유물들이 세월을 견뎌준 인내가 더 귀하고 소중하게 느껴진다. 신라 여인들은 무덤 속에까지 화려함을 포기하지 않았다. 짧은 생을 마쳤지만 전신에 치장했던 장신구만은 무덤까지 가져가서 지금껏 남아 유리관 안에서 영혼의 빛을 발하고 있다.

'수막새'의 미소를 본다. 흙을 빚어 구웠던 옛 신라 장인의 아픔이 없었을까마는, 그래도 수막새는 고통을 감추고 온화한 미소를 짓고 있지 않은가. 이제 이별의 슬픔은 훌훌 털어버릴 일이다. 더 많은 세월이 흐른 뒤에라도 사람들은 그가 남겨놓은 그만의 예술세계를 볼 것이다. 말없이 캔버스에 붓질로만 기록으로 남겨놓은 화가로서의 아픈 얘기들을 눈으로 보고 귀 기울여 들어줄 것이다. 언젠가는 대한민국이 말하는 예술혼으로 그도 천년의 미소를 짓고 있지 않을까.

아쉬운 발길을 돌린다. 유물이 전시된 박물관 곳곳에 오월의 햇살이 내려앉는다. 신라의 시간이 흐르고, 신라인의 미소가 번져가고, 서라벌의 소리가 퍼져간다. 그 햇살 받아 짙어가는 초록 나뭇잎도 잔잔하고 고요하다.

마음속에 하나의 조각상이 그리운 날이 올 것이다. 나는 다시 또 하나의 조각상을 만나러 경주박물관으로 향할 거다. 그날도 오늘처럼 진정 보고 싶은 나의 금동반가사유 조각상과 마주하겠지.

길 따라 풍경 따라

제주 올레길 중 뷰가 가장 아름답다는 7코스를 걷기로 했다. 외돌개에서 월평까지 17.1km의 길이다. 푸른 해안을 끼고 야자나무가 줄지어 선 벼랑길을 따라 바위틈새 길과 자갈, 숲속 길이 뻗어있다. 파도가 밀려오는 바닷길이 이어졌으리라는 짐작만으로 그동안 우울했던 마음이 바닷바람에 확 날아 가버릴 것만 같다.

외돌개에서 코스는 시작된다. 바다를 뚫고 불쑥 솟아나 있는 외돌개는 고려 말 최영 장군이 원나라를 물리친 전설을 따라 '장군석'이라 불리지만, 고기잡이 나간 할아버지를 기다리던 할머니가 외돌개 바위로 변했다는 전설이 마음에 더 와닿는다. 지칠 줄 모르는 파도가 그리움으로 밀려와 바위벽을 때리고 또 때린다. 그 그리움이란 바다 위에 홀로 선 외돌개 바위처럼 멀고 외롭기 때문일 것이다.

'올레7코스'라는 작은 표지판 입구에서 발길을 내딛는다. 누구를 기다리는 듯 육지를 등지고 바다를 응시하는 외돌개는 걷는 내내 보는 방향에 따라 모습이 조금씩 달라 보인다. 갖가지 풍경을 눈과 마음에 담으며 천천히 걷는다. 기암절벽을 따라 줄지어 선 열대의 키 큰 야자나무가 이국적인 풍경으로 눈앞에 펼쳐진다. 바람과 돌, 파도가 끝없이 밀려오는 해안길에서 작고 앙증맞은 노란 들꽃들도 만난다. 윤기가 흐르는 짙은 동백나무 긴 울타리에 붉고 흰, 분홍 꽃으로 화사하게 핀 예쁜 접동백에 취한다. 키 작은 나무에 빈틈없이 밀감이 매달린 농장을 지날 때는 입안 가득 침이 고인다. 파도가 철썩이며 벼랑을 때리고 휘돌아 하얀 포말을 일으키면서 더없이 아름다운 풍경을 잇는다. 이렇게 조화로운 길을 걷고 있다는 것이 무엇보다 저절로 감탄을 자아내게 한다.

왁자지껄하던 중국 관광객들을 뒤로하니, 스치며 듣는 한국말이 먼 타국에서 듣는 듯 반갑다. 반쯤을 지났을까. 갈수록 길은 좁고 거칠다. 비탈길을 타고 내려가면 해안가 돌밭을 만난다. 고정되어 있지 않은 돌을 디딜 때 중심을 잡지 못하면 넘어지기 십상이다. 더구나 지난여름 왼쪽 발목을 심하게 삐었던 터라 여간 조심스럽지 않다. 겨우 지나고 나면 아찔한 벼랑길과 숲이 우거져 만들어진 침침한 좁은 터널길이 나온다. 잔뜩 찌푸렸던 하늘에서 한두 방울씩 비가 떨어지더니 급기야는 제법 많은 비가 내린다. 비상 우산을 챙겨 갔기에 다행이다. 걷는 내내 비는 멈추질 않는다. 비에 젖은 자갈길과 비탈길은 미끄러워 바짝 신경이 곤두선다. 포장되지 않은 샛길을 지날 때는 신발과 바짓가랑이가 이내 흙탕물 범벅이다. 나란히 걸어 가던 사람들이 앞서거나 뒤처지더니 아예 모습들이 보이지 않는다. 혼자 걷는 외로움이 느껴진다. 슬슬 다리 뒤쪽이 땅긴다.

출발할 때는 멋진 풍경만 보며 즐겁게 걸을 것이란 기대에 부풀었다. 슬슬 몸에 고통이 느껴지니 아름다운 길이 고통의 길로 바뀐다. 풍경도 꽃도 눈에 들어오지 않고 얼마를 더 가야 하는지 짐작도 되지 않는다. 부산에서 출발할 때 이것저것 챙겨 넣은 배낭의 무게가 천근같이 느껴진다. 그렇다고 버리고 갈 수는 없는 일. 어쩌면 이 길이 내가 걸어온 굴곡진 인생길 같다.

처음에 내 삶도 화려했다. 젊음이 있으니 불가능은 없었다. 최선으로 살아 보지만 인생길이 노력만으로 이루어지는 것은 아니었다. 내 등에 무거운 배낭처럼 예술가 남편 내조하랴, 자식들 학교 보내랴, 먹고 입는 것 어느 한 가지라도 버겁지 않은 것이 없었다. 멈출 수도 벗어버릴 수도 없는, 지금 이 길을 걷고 있는 모습과 다를 바가 없다.

이제는 발톱 끝에서 심한 통증이 느껴진다. 더 이상 걷는 것은 무리다. 발뒤꿈치로 질질 끌며 한 발 한 발 옮겨 본다. 힘든 돌밭길만 없기를 바랄 뿐이다. 퇴색된 기억의 저편, 불렀던 노래가 신세타령처럼 입속에서 흥얼거린다.

바다와 건배 72.7×90.9 oil on canvas 2016

가도 가도 끝이 없는
외로운 이 나그네길
안개 깊은 새벽 나는 떠나간다
이별의 종착역
사람들은 오가는데
그이만은 왜 못오나
흐린 달빛 아래 나는 눈물진다
이별의 종착역

법환포구에 도착했다. 내리던 비 잦아든다. 허기부터 채우기로 했다. 바닷가 작은 중국식당으로 들어갔다. 자장면을 허겁지겁 먹는 사이에 발의 통증도 좀 가시는 것 같다. 식당 창가에 앉아 포구에 밀려오는 파도를 바라보니 목적하고 온 길을 포기할 수 없다는 오기가 생긴다. 언제 다시 이 길을 걸을 수 있을까 싶다. 살아온 생을 되돌아갈 수 없듯이, 힘들어도 갈 수밖에 없는 외길이다. 가다 보면 바람이 손잡아 끌어 줄 것이고, 파도도 끝없이 밀려와 나를 위로해줄 테고. 아름다운 풍경은 지금 육신의 고통을 무디게 해줄 것이며, 잘 다듬어져 편한 길은 시간을 단축시켜주겠지. 그렇게 힘든 인생길도 굽이굽이 잘 헤쳐오지 않았던가.

강정마을을 지난다. 앞으로도 뒤로도 길을 걷는 이는 아무도 보이질 않는다. 쉬엄쉬엄 가는 길에 아름다운 절경이 놓여있다. 잘 다듬어진 잔디밭 사이를 걷고 소를 키우는 목장길도 지난다. 유난히 맑아 풍덩 빠지고픈 큰 냇물도 만난다. 새소리 들으며 비탈지고 거친

길도, 울퉁불퉁한 돌길과, 고즈넉한 들길을 걷는다. 고통과 기쁨이 여기서도 나란히 한다.

6시간 만에 올레7코스가 끝나는 표지 앞에 섰다. 도착한 월평마을에 어둠이 조용히 내려앉기 시작한다. 기념 셀프사진을 찍는다. 결국 해냈다는 뿌듯함에 날아갈 것 같다. 이만하면 잘 걸어왔다. 내 인생길도 잘 걸어왔지 싶다.

터전을 불태우라!

광주 비엔날레의 마지막 전시날이다. 전시관을 가는 도로가의 가로수들은 단풍으로 물이 들어 멋진 풍경을 연출하고 있다. '터전을 불태우라!'는 주제와 걸맞게 불을 지른 듯 가을 단풍이 절정이다.

초겨울로 접어드는 듯 제법 쌀쌀한 날씨다. 마지막 전시회를 놓칠세라 관람객들이 다투어 표를 끊었다. 총 38개국 103명의 작가가 참여했다니 그들의 작품이 궁금해서 마음이 설렌다. 작품들은 모더니즘 미학의 대안으로 사회, 정치, 국가 폭력, 환경을 문화운동으로 주도하는 듯했다. 국내 작가와 외국 작가, 특히 주제와 걸맞게 기존의 관습과 질서에 저항의 메시지를 표현한 작품들로 채워져 있다. 주로 세월호 사건을 풍자한 그림과, 5·18광주민주화운동을 되살려 예술로 승화시킨 것들이다.

전시장을 들어선다. 유리창이 붉은 열기로 활활 타는 듯 강렬한 이미지를 내뿜는 작품이 발길을 멈추게 만든다. 처음부터 주제의 의미를 확실하게 느끼게 한다. 관람하는 내내 그림도 이해하기 힘들지만 조형예술은 난해하기만 하다. 큐레이터의 풍부한 작품 해설을 듣지 않고서는 이해가 불가능한 작품들이 유명 작가의 이름을 달고 전시되어 있다. 제1전시장부터 마지막 제5전시장까지 신기한 미로 속을 헤매는 듯하다. 보는 작품마다 경탄하기도 하고 작가의 작품세계라고 하지만 관람자의 느낌은 섬뜩해 보여 소름이 돋는다.

아르헨티나 작가 에드아르도 바수알도Eduardo Basualdo의 설치작품 '섬' 앞에 사람들이 줄지어 서 있다. 마치 물 위에 떠 있는 수상가옥처럼 보인다. 실제로 화재가 난 현장에서 가져온 불에 탄 잔해들로 구성했다고 한다. 작품은 작가 본인의 집이 화재로 소실됐던 경험에 근거해 불에 탄 나무로 만든 검은 집을 작품화했다. 한 포기의 풀마저도 태워버린 외로운 섬은 검게 그을린 바위였다. 어쩌면 80년대 외로운 섬처럼 고립되었던 광주의 모습과, 뜨거운 창작 열기와 작가의 정신적 흔적을 보는 듯하다.

진정 예술작가란 처절하게 고독함을 인내하고 자기의 전신을 불태워야만 작가의 혼으로 다시 태어나는 것이다. 나 역시 오랫동안 곁에서 창작의 고통을 지켜보면서 살았다. 그도 그랬다. 오로지 미쳐야 한다고 했다. 하지만 정작 가장으로서 어깨의 짐은 얼마나 버거웠을까. 작품을 보는 내내 마음 저려 신발 밑에 아교를 붙인 듯 떨어지질 않았다.

전시와 연관 지어 퍼포먼스도 행하고 있다. 관람자들도 하나의 소재가 되어 작품 속으로 들어가게 만들었다. 이를테면 전시장이 바뀌는 중에 관람객의 이름을 크게 불러 준다든지, "지금 몇 시인가요?" 시간을 물어보기도 하고, 남녀노소 인간 터널을 만들어 지나가는 관람자들에게 악수를 청하며 나름대로의 인사말을 건넸다. 색다른 행위예술에 내가 함께 동참하게 되는 독특한 경험을 했다. 관람하는 내내 지루하지 않고 미소 짓게 만들었다.

제4전시관에 들어선다. 작품 하나 걸리지 않은 전시실이다. 사람들은 영문도 모르는 채 큐레이터를 마주하고 섰다. 여기서 작품을 찾아보라는 큐레이터 말에 전신을 둘러봐도 시멘트 벽에 달랑 창문 하나뿐이다. 어린 관람객이 "창문만 있네요!"라고 답한다. 아파트 베란다 문, 그것이 유명 작가의 작품이란다. 여기저기서 웃음이 터져 나왔다.

작가가 한국에 와서 똑같은 아파트 크기의 창문들을 보고 느낌을 그대로 작품으로 표현했단다. 예술이란 멀리 떨어져 있는 게 아니라 우리가 일상 삶에서 접하고 있다는 것을 강조하는 듯하다.

오래전부터 예향의 도시하면 광주를 으뜸으로 꼽는다. 작가의 작품을 위해서 멀쩡한 건물 벽을 뚫어 공간을 제공한 뒤, 전시가 끝난 다음, 공사를 해서 벽을 다시 원상 복구를 해야만 하는 번거로움까지 감수한다. 그런 희생을 감내하다 보니 이 고장에서 유명한 예술가들이 탄생되는 게 아닌가 하는 생각이 들었다.

'터전을 불태우라!'는 주제가 의미하듯이 유난히 불을 상징하는 작품들이 많았다. 불의不義에 저항하는 처절한 작품들을 따라 발길을 옮길 때마다 예술가들의 창작 능력과 불타는 예술혼을 엿보게 만들었다.

예술을 사랑하는 게 어디 광주 시민뿐이랴 만은, 유독 광주시가 예술가들을 위해 사랑과 관용을 베풀어주는 아량에 시민들의 문화수준을 가늠케 했다. 마지막 5전시장까지 관람하는데 4시간이 소요되었다. 기발한 작품에 도취되어 몽환적 세계를 거닐고 온 듯, 그 터널을 빠져 나온다

전시장 밖에는 가을이 타고 있다. 저녁노을이 광주의 하늘을 붉게 태우고 있다.

화가의 아내

거실 벽에 걸린 그림들을 바라본다. 적절한 용도의 붓 크기를 바꾸어 가면 팔레트에서 캔버스로 오가던 손길의 움직임이 보인다. 그림은 절절했던 생의 고통을 말하고 있다. 캔버스에 씌워진 촘촘한 작은 망사에 나이프로 물감을 채워가며 자신만의 그림을 그리던 화가의 인내가 느껴진다. 작품을 바라보던 예리했던 눈길도 생생하다.

화가의 아내가 넋을 놓고 벽에 걸린 그림을 바라보는 이유가 있다. 며칠 전, 실감나는 영화를 본 탓이다. 그녀가 영화를 보기 전에는 '모드 루이스'라는 유명한 캐나다 화가를 전혀 알지 못했다 '에단 호크'와 '샐리 호킨스'가 주연한 '내 사랑' 영화를 본 지도 한참이 지났건만, '모드'의 삶에 동질감을 느껴서일까. 이입된 감정에서 좀처럼 풀려나지를 못하고 있다. 액자와 마주한 눈길을 차마 돌리지

2분의1 61.5×98.5 1994

못한다.

미술 작품을 본적도, 미술 수업을 받아본 적도 없다. 태어났을 때부터 불치병인 루게릭병에 걸려 심각한 관절염을 앓았다. 어릴 때부터 장애인으로 남들과 다른 시절을 보냈다. 몸이 왜소한 절름발이 캐나다 여류 화가 '모드 루이스'다. 창문 너머로만 바라본 세상을 관찰하며 광활한 풍경과 그녀의 상상력이 작품 활동에 영감을 준 요소들이다. 자신만의 그림을 그려내는 것에 영화를 보는 내내 감탄을 자아내게 한다. 사회적인 편견, 가족들의 멸시의 아픔이 있다. 모드는 최악의 경험을 맛본 드라마틱한 삶의 표본이다. 영화 속에서 본 그림들은 아기자기한 색감에 순수함이 느껴진다. 장애가 있지만 손재주 하나만은 특출하다.

액자 속에서 머물고 있는 화가의 부모형제도 그의 재능에는 관심이 없었다. 아버지는 그림을 그리면 밥 빌어먹기 십상이라 야단만 쳤다. 칠 남매의 막내라면 부모형제들의 사랑을 독차지하련만 언제나 데려온 자식처럼 소외되었다. 그림 그리기에 주어진 환경은 불리했지만 좋아하는 그림 그리기는 포기하지 않았다. 타고난 재능에 끈기와 노력으로 자신만의 세계를 그려갔다. 늘 부족하기만 했던 미술 재료 때문에 캔버스에 넉넉한 물감을 덧칠하지는 못해도 그림을 그린다는 것만으로 세상을 다 얻은 듯 행복해했다.

아름다운 풍경을 찾아다녔고, 정지된 사물에는 생명을 불어넣어 예술 작품으로 환생시켰다. 본래부터 아름다움을 가진 것은 누구나 쉽게 느낄 수 있지만, 하찮은 것과 가치를 느끼지 못하는 소외된 것들을 소재로 선택해 작품으로 승화시켰다. 아름답지 않은 것에서 내면의 본질을 추구해서 그려냈다. 하루도 빠짐없이 캔버스와 마주하고 앉은 그의 손에는 늘 붓과 나이프가 들려 있었다.

화가의 아내는 남편을 위한 내조에 최선을 다했다. 남편의 가능성을 믿어주는 아내다. 긴 세월에 힘든 고통도 마다하지 않았다. 언제쯤 화가의 작품이 인정받게 될 지 정해진 바는 없다. 가냘픈 몸으로 애들 키우랴 살림하랴 경제적인 문제까지 도맡았다. 행여 물감이라도 떨어지면 저녁 장은 포기하고 물감을 사게 했다. 부실한 밥상보다 화가의 붓 멈춤을 더 안타까워했다. 부족함 없이 그림 재료를 가득 채워주지 못하는 것에 마음 아파했다. 화가의 고정된 수입은 없다. 무명작가의 경제적 무능을 탓하지도 원망하지 않았다. 긴 세월을 내색하지 못하는 슬픔은 언제나 안으로만 꾹꾹 다질 뿐이다. 언젠가는 분명히 인정받을 그만의 작품 세계를 그려낼 것이라는 가능성을 믿었다.

대부분 화가들의 아내는 모델이 되기도 한다. '박수근'은 빨래하는 아내를 모델로 그려 명화로 남겼다. 살아서 명성을 가장 많이 누렸던 세계적인 거장 스페인 화가 '피카소'는 여인들이 그의 곁을 스치고 지나갈 때마다 유명한 그림을 남겼다. 빛을 그린 화가 '모네'는 아내 '카미유'를 작품 속에 다양한 모습으로 담았다. 아내와 두 아들을 그렸던 천재 화가 '이중섭'도 아내가 곁에 있었더라면 외로움이 병이 되어 단명하지는 않았을 것이다. 화가도 아내를 모델로 몇 작품을 그렸다. 그가 아내에게 해줄 수 있는 최고의 선물이었다. 내색하지 못하는 사랑을 온통 붓질로 마음을 표현한 초상화다. 60호 크기로 거실 한쪽 벽에 걸려 있다.

화가 모드 루이스와 생선 장수 에버렛은 서로에게 물들어갔다. 그들의 사랑을 풍경처럼 화폭으로 옮겨 담았다. 불편한 몸은 그녀에게 전혀 콤플렉스가 되지 않았다. 순수한 두 사람의 모습에서 아름다움과 행복이 느껴진다. 모드의 그림들은 색감이 생생하다. 작품은 동화童畵처럼 보는 사람들을 기분 좋게 하는 묘한 매력이 있다. 두 사람에게는 장애도 가난도 결코 불행할 이유는 되지 못한다는 것을, 영화를 본 화가의 아내가 실감한 삶의 의미다.

남다른 고생을 감내하는 아내가 마음 아프지만 그림을 포기할 생각은 전혀 없었다. 아내는 하늘이 내려준 생애 최고의 행운이라 여겼다. 화가와 아내도 가난한 예술가의 생활 속에 익숙해져갔다. 두 사람은 많은 사람이 감동하는 그런 작품을 그려낼 거라는 자부심만은 대단했다. 화가는 혼자만의 세계를 그려냈다.

화가의 아내는 거실 벽에 온통 그림으로 채웠다. 그림을 그릴 수 있어 행복하다던 삶과 애환들이 이제는 모두 액자 속에 녹아 있다. 정말 재능 있는 화가였다. 일찍 떠나지 않고 쭉 그림을 그렸다면 한국미술사에 한 획을 그었을지도 모른다며 아쉬워하는 화가의 아내다.

그림을 바라본다. 액자 속 화가만의 세상은 아름답기만 하다. 화가의 삶이 오래도록 살아 숨 쉬고 있을 것이다.

왕이요

경북 의성에 있는 옛 삼한시대 부족 국가였던 '조문국 박물관'을 관람했다. '조문국' 역사의 흔적들이 고스란히 남아있는 박물관에 들어서니 대학생쯤으로 보이는 청년 해설자가 전시된 역사관 여기저기를 차례대로 안내해 준다.

청년은 어려 보이는 모습과는 다르게 풍부한 해설로 능청스러울 만큼 재치 있는 입담에 관람하는 내내 웃음 준다. 후리후리한 키에 얼굴도 잘생겼다. 관람객을 모시는 매너 또한 깍듯하다. '조문국'의 역사를 설명하는 그의 말을 놓치면 안 될 것 같은 조급함에 모두들 귀를 쫑긋 세우고 유물을 바라보는 시선 또한 예민해지며 해설자를 바짝 따라다녔다.

한 전시실로 안내한 해설자는 고대 의성인들의 복식服飾체험을 하게 했다. 몇 명만 그 시대 옷을 입고 나와서 포즈를 취해 보란다. 성격상 누구 앞에 나서기를 싫어한다. 어떤 모임에서라도 끝자리에서 조용히 지켜보는 것으로 족해 한다. 그런 내가 한순간 누군가에 심하게 떠밀려 거부하지 못하고 옛 옷을 입게 되었다. 같이 옷을 입은 분들은 머리에 두건처럼 보이는 모자까지 챙겨 썼다. 어색해서 엉거주춤 서 있는 나에게 문학 행사에서 뵙게 되면 늘 반겨주시던 L 선생님께서 얼른 왕관을 씌워 주시며 말씀하셨다.

"오늘은 최 선생이 왕이요."

오월, 꿈결처럼 들판에 봄빛이 비치는 날에는 왕 놀이하기 그지없이 좋다. 입은 옷의 황금색 자수가 왕관과 너무 잘 어울린다고 함께한 분들이 말해준다. 엉겁결에 몇 사람의 대신들을 양쪽으로 거느린 조문국왕이 되었다. 백성이 된 듯한 문우들의 환호를 받으며 카메라 세례도 많이 받았다.

의관을 갖추어 입었다고 왕이 되는 것은 아니다. 잠깐 왕관을 썼다고 어찌 나라를 다스리겠는가. 오로지 국민만 보고 국민을 위하며 살겠다던 대통령도 무능함으로 탄핵되지 않았던가. 영원한 권좌를 꿈꾸어 볼 수 없다. 누구라도 여기에 오면 잠깐 왕의 자리에 오를 수 있을 뿐이다. 능력이 없으니 백성들로부터 탄핵되기 전에 얼른 권좌에서 내려올 일이다. 의관을 벗고 본래의 내 모습이 되니 가뿐하고 편하다. 순간 환상에서 벗어나 꿈에서 깨어난 듯 의성왕 놀이 분장은 이렇게 끝이 났다.

그저 원시인의 삶이라는 생각이었는데 조문국의 복식은 지금의 옷과 별반 차이가 없다. 그 시대의 옷이라고 믿기지 않는다. 옷의 화려함이 아무래도 지배층 옷으로 보인다.

내가 의상실을 경영했을 때는 멋지게 디자인된 옷을 원 없이 입었다. 어떤 날은 짐스럽게 느껴지는 옷을 걸치고 삶의 늪에서 허우적대기도 했다. 옷이란 지극히 불편하고 거추장스럽기 이를 데 없을 때도 있다. 때와 장소에 따라 규율이나 규범과 관습의 옷들을 차려입어야만 타인 앞에서 부끄럽지 않고 떳떳하고 편안한 마음이 되는 것이다. 또는 때와 장소를 가리지 못하고 지나치게 노출을 하거나, 화려함을 좇는 경우에는 동화 속의 벌거벗은 임금님 못지않은 민망스러운 시선을 받게 된다.

맨몸으로 구속 없는 원시인의 자유로운 영혼의 세계를 상상도 해봤다. 만약 아담과 이브가 신의 뜻을 어기지 않아 에덴동산에서 추방되지 않았다면, 신이 만들어준 풍족하고 안락한 곳에서 생과 사의 고통 없이 평화롭게 누리고 살았을 것이다. 그렇다 해도 화려한 옷으로 치장 한번 못하고 발가벗은 몸으로 반복되는 날들에 지루하지 않았을까. 그러는 나는 아담과 이브의 원죄로 인하여 세상에 태어나게 되었고, 물론 세상살이 고통은 있었지만 지금껏 패션을 업으로 이런저런 의상을 걸쳐 가며 흐르는 세월에 맞게 멋진 모습으로 살았지 싶다.

다음 전시코너로 돌아 나오는 곳이다. 옛 무덤에서 발굴된 유골을 발견됐을 때의 형태 그대로 재현해 놓았다. 앙상한 하얀 유골에는 걸치고 있던 체면도, 명예와 권력도, 욕망도, 허황된 마음의 치장도 벗어버렸다. 몸에 붙어있던 살마저 녹여버린 하얀 뼈가 가지런히 놓여있다. 나도 세상 모든 것을 벗어버리는 날에는 저 모습으로 돌아갈 것이다. 나 아닌 누구라도 피할 수 없는 것이기도 하다.

내가 늘 마음이 무거운 이유가 있다. 나에게 채워지지 않는 무엇인가에 대한 욕망이 지금 나를 힘들게 하는 이유라는 생각이 든다. 누워있는 유골이 나를 나무라듯 말해준다. 마음의 욕심을 털어버리고 이제는 가볍게 살라 한다.

둘러본 박물관에는 분명한 '조문국'이 있었고 그 시대를 살아낸 사람들의 삶도 보았다. 출토되어 전시된 유물은 찬란하게 꽃 피웠던 문화를 보여준다. 유명한 의성 마늘보다 평창 동계올림픽 컬링 '영미'로 더 유명해진 의성이 옛 '조문국'이었다는 사실도 처음 알았다. 우리 생으로는 도저히 짐작할 수 없는 긴 세월이 고스란히 전시되고 있다.

약간 비탈진 언덕에는 폭죽처럼 터진 붉은 작약꽃이 흐드러지게 피었다. 그곳에서 신라에 나라를 넘겨줘야 했던 '조문국' 마지막 경덕왕이 언덕에 홀로 서 있는 듯하다. 그때 사람들의 넋이 꽃이 되어 피었나 보다.

신라 왕릉과 견주어도 뒤지지 않는 고분들이 즐비하다. 많은 고분만으로도 그 시대 지체가 높았던 분들의 화려함까지 느껴진다. 의성에서 보는 파란 하늘이 녹색 푸른 잔디밭 사이로 핀 붉은 작약꽃과 배색되어 눈부신 조화로움을 보여준다.

잠깐 화려한 옷을 입고 '조문국'의 왕이 되어본 날이다.

4부 향수의 조각보

어제 오늘 그리고 내일 또 162×130 oil on canvas 1991

수와 진

주말을 맞아 모처럼 성지공원에 갔다. 공원 입구에 들어서는 순간 귀에 익은 노래 가사와 가락이 들려왔다. 노래의 진원지에 가까워지니 수수한 차림의 가수가 세레나데를 부르고 있었다. 쌍둥이 듀엣 가수인 '수와 진'이었다. 수와 진은 지금의 K-팝가수만큼 한때 유명세를 얻으며 노래했던 가수들이다.

자선 모금을 하는 장소라면 사람들이 많이 모이는 곳이 좋다. 서울이면 명동성당 앞일 것이고 부산이라면 광복동 거리나 서면 지하철역을 떠올린다. 시기도 연말이 대부분이다. 그런데 주말에 공원에서 자선공연을 한다는 사실이 등산화를 신은 내 발길을 묶어 버렸다. 가수라면 행사장이나 밤무대가 주된 활동 장소가 아니던가. 나와 같은 생각인지 모르나 오슬오슬한 날씨를 마다하지 않고 많은 사람이 그 조그마한 무대 앞에 모여 있었다. 오늘은 동생 진이 혼자 내려와 공연을 한다고 했다.

수와 진의 자선활동을 조간신문에서 읽었던 적이 있다. 노래를 불러 모금한 거액의 성금을 불우이웃과 심장병을 앓는 아동들의 치료비로 부산진구청에 기탁하는 사진과 기사였다. 부산이 고향이며 이곳의 불우이웃을 위해 공연을 해달라는 친구의 간곡한 부탁이 공원에서 노래를 부르는 계기가 되었던 것이라 했다. 그 사연에 괜히 가슴이 뭉클해졌다. 신문을 읽은 터라 그날 공연에서 느끼는 감동이 더욱 새로웠다.

수와 진도 몇 번이나 병마에 시달렸다. 얼굴이 새카맣게 그을려도 거리의 악사가 되는 것을 그만두지 않았다. 사람들이 모이는 곳이면 전국 어디라도 찾아가서 자선 공연을 펼쳤다. 그 정성 때문인지 수와 진의 노래는 시처럼 아름답고 감미롭게 들린다. 지나가는 사람들도 약간 쉰듯하고 호소력 있는 목소리에 걸음을 멈춘다.

올봄에는 까닭도 없이 이것저것 하기 싫었다. 권태 때문인지 나이 탓인지 조금 위축되었다. 내 코가 석 자라고 생각하며 살았다. 불우한 사람을 돕는 일은 마음이나 재물이 넉넉한 사람들이 하는 몫이라 여겼다. 믿는 도끼에 발등 찍히듯, 너무 믿은 게 탈이었다. 주변 사람들에게 적잖은 돈을 빌려주었지만 이런저런 핑계만 들을 뿐 되돌려 받은 적은 거의 없다. 모질게 독촉하지도 못하고 속만 태우다 기력이 빠져 포기한 적이 한두 번이 아니다. 속이 쓰리지만 크게 적선한 셈 쳤다.

경칩이 지나도 꽃샘추위가 여전한 공원에는 오가는 행인들이 적지 않았다. 산을 오르내리던 사람들도 한 번씩 수와 진의 무대 앞에 멈춰 선다. 목도리로 얼굴을 감싸고 부모님을 따라온 아이들이 고사리손을 호호 불며 부모가 쥐여주는 파란 지폐를 모금함에 넣었다. 문득 저 애들처럼 불우한 사람을 돕는다는 마음으로 내 주머니를 비워 낸 적이 있는가 하는 생각이 들었다.

등산복 주머니를 뒤졌다. 오천 원이 손에 만져졌다. 액수가 적다는 생각에 남들이 볼까 꼬깃꼬깃 접어 손바닥으로 감싸고 모금함에 넣었다. 발걸음이 어색하고 민망스럽다. 많고 적음에 주눅들 이유가 없지만 누가 등 뒤에서 나무라는 것 같다. 삼십 년 가까이 헌신하는 수와 진의 정성에 비하면 아무리 큰 금액도 티끌에 지나지 않을 듯싶다.

올 초봄부터 성지공원에서의 자선공연이 계획되었다고 한다. 그동안 한 번도 거르지 않고 토요일마다 산길 모퉁이에서 일곱 시간씩 자선공연을 펼치고 있다. 수와 진은 오래전부터 지금까지 천 명이 넘는 아이들의 수술에 도움을 주었다. 모금액이 부족하면 병원 측에서 외상 수술도 마다하지 않았다. 외국 아이들의 수술에까지 도움을 준단다. 무엇보다 어린이들의 새 생명에 힘을 보태는 것이 얼마나 아름다운 일일까.

주말 때문인지 공연장 앞은 시골 장터만큼 흥겹다. 등산을 나선 아줌마 부대가 몰려들었다. 진이는 노래를 부르면서 일일이 CD에

사인을 해준다. 노래가 사람의 마음을 더 녹여주는지 사람들이 망설이지 않고 모금함으로 모여든다. 가수의 열정과 청중의 정성이 오늘도 촛불처럼 모이면 어린 생명들에게 희망의 등불이 될 것이다.

수와 진의 노래 중에서 〈파초〉를 유난스레 좋아한다. 열대지방에서 자라는 파초는 모양은 예쁘지 않지만 잎이 넓고 크다. 열대지방에서는 폭우나 뜨거운 햇살을 피하기 위해 파초 잎으로 우산처럼 만들어 몸을 가린다고 한다. 넓은 잎을 펼쳐 길손들이 잠시 편히 쉴 수 있도록 휴식 그늘을 만들어 준다는 의미가 자선공연과 관계가 있다고 여겨진다.

그들이 기거하는 집이 전월세라 한다. 기부공연만 하면 가정은 어떻게 하냐고 보조요원에게 물었다. "생활은 사모님의 월급으로 합니다." 수와 진 곁에는 한결같은 부창부수夫唱婦隨의 아내가 있다. 자신의 편안함을 뒤로하고 힘든 사람들의 그늘이 되려는 수와 진의 모습이 파초를 닮은 듯하다.

공연장을 마주하고 작은 목소리로 〈파초〉를 따라 부른다. 한 곡이 끝나고 다음 곡 반주가 들어가기 전 그에게 다가갔다. 모금액을 기부하는 모습을 신문에서 보았다고 했더니, 여태까지의 모금액을 또 전할 것이라고 말했다. 유난히 크고 맑은 그의 눈을 보았다. 뿌듯한 마음으로 산을 오르는 내 발걸음이 훨씬 가벼워진다.

벚꽃이 만개한 사월 첫 토요일이다. 이번에는 아예 공연장 앞에 자리를 잡고 앉는다. 등산객 차림도 봄꽃처럼 화사하다. 주변 벚꽃이 무대 배경처럼 피어 그들의 노래에 반주를 해주는 듯 살랑거린다. 사랑의 노래인 〈파초〉가 공원 저 멀리까지 퍼져간다. 햇볕에 탄 진의 얼굴이 벚꽃인 양 환하다.

미리 남겨두는 글

성규, 송이야! 내가 오늘 갑자기 너희들에게 해야 할 말들을 남겨두어야 할 큰 이유를 실감했단다. 요즘 들어 건망증으로 몇 번째나 휴대폰을 챙기지 못하는 민망스러운 일이 반복되는구나. 이러다 더 나이가 들면 혹이나 내 정신이 흐려질까 봐 저희들에게 미리 꼭 남겨두고 싶은 말을 적어 둘까 한다.

최선으로 아등바등 억척을 떨고 살았건만, 돌이켜 보니 너희들에게 못해준 아쉬움만 남는구나. 스스로 살아내기란 얼마나 힘들고 버거운 삶이란 걸 잘 알기에 나 역시 지금 남겨두는 이 글이 너희들에게 물질적인 유산 분할의 글이 되지 못함에 미안하고 또 미안한 마음이란다. 그런 엄마 마음과 달리 언젠가 아들 너는 말하더라. 아무나 물려받을 수 없는 재질을 물려줘서 고맙다고, 누구도 방해받지 않고 예술가로 자유롭게 살고 있으니 감사하다고 말해주던 내 아들

최영애 초상화

이 참 멋지다는 생각을 했지.

성규, 송이야! 엄마는 아빠 없는 어린 시절을 보냈단다. 아빠와의 추억 없이 자란 탓에 언제나 친구처럼 함께해주던 자상했던 아빠가 있는 너희들이 참 많이 부럽더라. 아빠가 남겨준 사랑만큼은 어느 재벌가의 유산보다 더하다는 것을 너희들이 살면서 느끼게 될 거야.

송아! 네가 초등학교 저학년 때였나 보다. 친구들은 학교 마치고 집에 가면 엄마들이 맛있는 것을 챙겨놓고 기다리고 있는데 나는 집에 오면 아무도 없다며 언제나 명랑하던 네가 엄마 앞에서 서럽게 울던 그때의 네 모습을 엄마는 잊을 수가 없구나. 직장에 매인 몸이기도 했지만 퇴근도 늦은 밤이었으니 어린 네가 견뎌내기에 얼마나 외롭고 무서웠겠니. 어릴 때 너의 슬펐던 날들을 생각하며 아직도 가슴이 찢어지듯 아프고 또 미안하구나. 그래도 그늘 없이 맑고 밝게 자라준 너희들이 정말 고마울 뿐이야.

살면서 누구에게라도 모진 말이나 행동은 하지 말거라. 최선으로 살아 보았지만 세상살이 마음먹은 대로 다 이루어지는 것이 아니더라. 살아내기 힘이 든다고 남 탓이나 원망 같은 마음은 품지는 말아다오. 절대로 후회하는 일은 만들지 말도록 해라. 열심히 살다 보면 다시 기회는 오기 마련이니 엄마 말을 마음에 새겨 놓아라.

피를 나눈 형제만큼 믿을 사람은 없다는 게 엄마 생각이란다. 세상에 달랑 너희 둘뿐이니 어떤 일이 있더라도 서로 의논하고 의가 상하는 말과 행동은 하지 말거라. 송이에게 특별히 부탁한다. 행여 오빠가 인연이 생겨 결혼을 한다면 새언니와 마음을 같이 하며 다정하게 한결같이 소중한 마음으로 살아라. 너는 성실한 권 서방 덕분에 그래도 지니고 있는 것이 있으니 엄마가 남기고 가는 이 집은 오빠 것으로 주려무나. 아빠의 그림은 소장자가 나타나는 대로 정확하게 분배하도록 해라.

아들을 보면서 아빠의 모습을 보는 것 같구나. 생전의 아빠는 분명하게 말했단다. 아무리 타고난 재능이 있다 해도 끈기와 노력 없이 그 분야에서 성공은 없다고 하더구나. 늘 너만의 작품을 시도하는 노력만은 게으르지 말거라. 그림을 그리면서 노력했던 아빠의 모습과 경험했던 말들은 서양화가로서 살아내야 하는 네게는 이보다 소중한 것이 또 있겠니. 아무나 보고 들을 수도, 물려받을 수 없는 귀하디귀한 유산인 거야. 마음 깊이 새기기를 바란다. 언젠가 틀림없이 네가 이루고자 하는 곳에 도달하게 될 테니.

아들과 같이 종종 가는 제주도 여행은 정말 즐거웠단다. 제주 올레길을 아들과 같이 걷는 행복을 누가 누리고 살겠니. 그리고 음식 만드는 솜씨로 엄마의 허한 마음까지 채워주기도 하지. 아직까지 엄마 마음을 상하게 하거나 화나게 한 적은 한 번도 없구나. 속상한 일도 내색하지 않고 늘 웃는 얼굴이지. 네가 결혼을 하지 않겠다는 속마음을 엄마인 내가 왜 모르겠니. 언젠가 너에게도 소중한 인연이 나타난다면 아들이든 딸이든 주어진 대로 낳아서 서로 이해하면서 엄마 아빠가 힘든 세상을 행복하게 살아냈듯이 지혜롭게 살려무나.

프로 야구 경기가 시작되는구나. 아빠는 롯데 광팬이었지. 경기가 시작되면 붓을 들고 텔레비전에 눈을 떼지 못하더구나. 경기가 있던 날은, 현관 입구부터 아빠 목소리가 울렸지. 이기는 날은 기여도 선수의 극찬으로, 지는 날은 감독의 부실한 대처와 실책한 선수에 대한 아쉬움을 쏟아내었지. 어느 야구 해설자보다도 날카로운 평으로 열을 올렸지.

늘 늦은 귀가 중에 사가지고 온 삼겹살을 구워 캔 맥주와 먹었던 그 맛을 잊지 못하고 있단다. 우리네 가족의 웃음소리도 집안에 가득했었지. 그 행복했던 시간들이 이제는 먼 아련한 추억일 뿐 되돌릴 수 없는 시간 속에서만 머물러 있구나.

송이야! 성실하고 가정적인 권 서방을 사위로 만들어 줘서 고마워. 무엇보다 어디를 가나 사람들이 감탄해주는 잘생긴 도균이와 예쁜 서율이, 윤슬이를 낳아 손자손녀 재롱으로 이렇게 즐거울 수가 없으니 너는 그것만으로 엄마에게 모든 효도를 다한 것 같구나.

생전에 아빠는 만약에 세상 먼저 떠나면 저승길 입구에서 엄마가 올 때까지 기다리고 있을 거라는 말을 했지. 그때는 농담이란 생각으로 마주 보고 한참을 웃었구나. 아빠는 표현은 서툴렀지만 가족사랑 하나만은 최고였지 싶다. 엄마를 속상하게 하거나 화나게 한 적은 없었지. 몸과 마음이 한 치도 흐트러짐을 본 적이 없어. 그런 사람이었기에 죽을 것 같았던 힘든 세상도 잘 살아내었지 싶구나.

엄마 때문에 안타까워하며 속상해하지 말아라. 나는 너희들의 효도도 넘치도록 충분하니 엄마 떠난 다음 너무 슬퍼하지는 말거라. 다행히 문인의 맨 끝자리에서라도 마음이 아름다운 작가들과 어울려 즐거운 세월도 보냈으니 별 욕심 없이 세상 잘 살았지 싶다.

다시 부탁한다. 성규는 너만의 그림 그리기에 게으르지 말고, 송이는 애들 훌륭히 키우고 지혜로운 아내로 엄마로 살기 바란다.

명절 때마다 추모공원에 찾아올 때는 아빠가 좋아하는 원두커피, 엄마는 믹스커피면 충분해. 조금만 여유 있게 머물다 가주렴. 훌쩍 가버리면 엄마, 아빠가 많이 섭섭할 테니. 행여 너희들에게 나쁜 운이 있다면 모두 엄마가 다 가져갈게. 언제나 행운은 너희들 것으로 건강하고 행복하게 오래오래 잘 살아다오.

2018년 5월 1일 밤에

향수의 조각보

친구 모임이 있다는 연락을 받았다. 베란다 밖에는 부추기듯 엊그제부터 건들바람조차 창에 붙어 헤실대고 있다. 화풍을 이기지 못한 가슴에 여춘화가 나풀댄다.

이번엔 기필코 참석하리라. 그동안 수월찮게 들어간 벌금도 실은 아까웠다. 직장에 매인 몸이었으니 정기적 모임을 두고 가타부타할 사항도 아니었다. 같이하는 자리에서 쏟아지는 수다에 계산 없이 웃고 싶은 마음에 황급히 뛰어갔다.

저녁을 먹고 노래방으로 이동했다. 그동안 쌓였던 스트레스를 날리며 흥겹게 즐기는 곳이라면 당연 노래방이다. 칸칸마다 노래가 흘러나왔다. 콩밭 매던 조선조 여인을 대물림한 친구들도 실력들이 대단했다. 흥겨운 멜로디에 맞추어 엉덩이까지 살랑살랑 흔들며 춤까지 추었다. 그 틈에서 나는 어정잡이다. 그렇지만 손뼉만큼은 신나게 쳤다.

한참 동안 요란했던 시그널 음악에 지쳐갈 무렵 잔잔한 반주가 흘렀다. 귀에 익은 노래였다. 까마득하게 기억되는 노래의 시원始原을 따라 마음이 움직이고 있는데 친구가 마이크를 넘겨줬다.

부모형제 이별하고 낯설은 타관에서
어머니의 자장가로 노래하던 그 시절이
슬픔 속에 눈물 속에 흘러갑니다
기적소리 울 적마다 기적 소리 울 적마다
그리운 내 고향

친구들이 쳐주는 우레 같은 박수 소리가 내 귓전을 비껴간다. 막 불렀던 '향수' 노래가 내 여섯 살 즈음 어머니의 음성이 되어 귓전에서 아련히 맴돌고 있었다.

기억으로 어머니는 노래를 잘 불렀던 것 같다. 가요를 부르는 순간만은 사랑의 힘에 마취되어 살았나 보다. 어머니가 즐겨 불렀던 노래들은 곧잘 배워 따라 불렀다. 나는 흘러간 가요를 좋아하기도 하고 즐겨 부르기도 한다. 요즘 기억으로는 유행가 가사 한 줄 외우지 못한다. 잊고 지냈던 어린 시절 어머니를 따라 즐겨 불렀던 잊어버렸던 그 노래의 가사를 대뇌大腦는 또렷이 기억해냈다.

가실 추수가 끝나면 어머니의 또 다른 일이 시작되었다. 다름 아닌 바느질이었다. 촉수 낮은 불빛 아래서 양말 뒤꿈치나 해진 옷에 옷감을 덧대어 기웠다. 손끝이 맵다고 소문이 자자했던 어머니는 친척들 옷도 지어 주었다. 그 속에는 더러더러 관혼상제에 필요했던 것도 많았다. 나는 어머니가 산이나 들에서 거친 일을 하지 않고 따뜻한 아랫목에 앉아 바느질할 때가 좋았다. 그 곁에 소꿉놀이를 하다 보면 신바람이 저절로 났다. 신부의 예복을 만들고 나면 예쁜 색자투리천이 남았다. 그걸로 인형 옷도 만들었다.

어머니는 간간이 알 수 없는 노래를 흥얼거렸다. 어머니가 노래를 할 때는 행복하기도 하고 슬프기도 했다. 어떤 때는 꽃상여의 앞쪽에서 요령을 흔들며 부르던 선소리 같아서 너무 싫었다. 아버지에 대한 그리움을 노래로 토해냈을까. 그런 노래를 부르고 나면 꼭 눈물을 흘렸다. 동수네 할머니는 나만 보면 이불 속에서도 어머니의 치맛자락을 꼭 잡고 자라고 했다.

마을 한가운데 커다란 곰솔나무 아래는 한나절 어른들의 쉼터이기도 했다. 소나무 아래 모여 쉬고 있던 어른들의 요청으로 나는 종종 춤을 추며 노래를 곧잘 불렀다. 즐거워하던 어른들의 박수도 많이 받았다. 그런 재간둥이 작은딸을 보며 어머니가 흐뭇하게 웃었다. 그 모습이 마냥 좋았다.

어머니는 내가 설익은 목소리로 어머니의 애창곡을 간드러지게 불러주면 이내 얼굴이 환해졌다. 그런 이유로 어머니를 쫄쫄 따라다니며 당시에 유행가를 줄줄 외워 구성지게도 불러댔다. 어린 마음에도 어머니의 슬픈 모습은 싫었지만 노래를 부르는 어머니의 마음을 조금은 덜어주었던 것 같다.

옛 가요는 추억과 삶의 애환과, 실연의 아픔까지 서려 있다. 시간을 되돌려 떠오르게도 한다. 어쩌다 티브이 가요무대 프로를 시청하다 보면 잔잔한 멜로디와 절절한 가사가 어린 시절의 기억과 겹치기도 한다. 어머니에게 '향수'란 무엇이었을까. 사랑을 상실한 여자에게 노래만이 위안이었을까. 옛 가수 박재홍이 불렀다는 그 노래가 어머니의 애창곡이었다는 것에 목이 멘다.

어머니가 즐겨 불렀던 '향수'를 가수 김용임이 자지러지듯 부른다. 따라 부르다가 눈물을 펑펑 쏟았다. 어머니가 잠깐이라도 곁에 없으며 불안했던 어린 시절은 흘러버리고 지금 내 곁에는 어머니의 애창곡만 남았다. 휴대폰에 그 노래를 저장해두고 누군가가 애절하게 그리워지는 날이며 꼭 이 노래에 젖어든다.

어머니의 바느질 솜씨와, 슬플 때 흥얼대는 노래도, 외로운 모습까지 어머니를 닮아간다. 정지용의 '향수' 시에 곡을 붙여 이동원이 불러 국민 애창곡이 된 '향수'는 시가 그렇듯 사람들을 고향으로 향한 무한한 그리움에 젖어들게 한다면, 내 어머니 애창곡 '향수'는 일찍 떠난 지아비에 대한 애절한 그리움이란 생각이 든다.

향수의 조각보는 아무리 야무지게 꿰매어도 늘 헛바람이 든다. 달팽이관을 맴도는 그 바닷가의 몽돌 구르는 소리며 컹컹대던 삽살개의 꼬리도 그립다. 십이월의 하현달이 감나무 잔가지에 걸리면 문풍지가 북풍에 떨었다. 바닷가 선창에는 늙은 어부의 노동요 소리도 바람을 타고 전해진다.

친구 모임에 다녀온 날은 마음에 더한 그리움이 쌓이는 날이다. 그 시절 어머니가 애절하게 그리운 날은 솜이불을 뒤집어써도 잠은 쉬 들지 않는다. 어머니의 슬픈 노랫소리만 그리움이 되어 내 귓전에서 맴돈다.

뿌리

마지막 일정을 제주도립미술관으로 잡았다. 아들이 꼭 관람하고 싶은 대단한 그림이란다. 미술관으로 향하는 내내 어떤 형태로 그려진 그림일까 몹시 궁금했다. 한국의 작가나 외국 작가의 초대전이라 미리 짐작했다.

미술관 입구 현수막에는 '고국의 품에 안긴 변월룡'이란 이름이 걸려 있다. 이름이 너무나 생소하고 낯설다. 큰 호기심에 바람 한 줄기 불어주지 않는 쨍쨍한 날씨에 정수리에 쏟아붓는 햇볕도 따가운 줄 몰랐다.

전시실로 들어섰다. 그림은 큰 붓을 사용하여 강한 필치로 이루어졌다. 묘사는 생생하다. 적절하게 덧칠한 그만의 색감이 독특하다. 붓질은 속박을 모른다. 자유롭다. 이런 그림을 그린 작가가 있었던가 싶다. 어떤 화가인지 알아야만 그림 감상에 도움이 될 것 같다.

나이가 지긋한 미술관 큐레이터에게 그에 대해 물었다. 변월룡은 구소련에서 활동한 천재 화가라고 했다. 설명하는 큐레이터는 이런 화가가 이 나라의 출신이라는 것에 대단한 자부심을 보였다. 나 역시 생소한 화가와 그의 작품 세계에 정신없이 빠져들었다.

영상에는 그의 지나온 평생을 담고 있다. 결코 조국에 편입되지 못하고 유랑민으로 살았던 흔적과 삶이 고스란히 작품 속에 새겨져 있다. 우리가 잃어버렸던 역사의 단면들을 떠올리게 한다. 분단과 냉전, 이념의 대립이라는 현실로 인해 고국에서는 그의 천재적인 재능을 알지도 못했다. 우리나라 미술 역사 어디에도 그의 자취는 없었다. 다행히 한국과 러시아 수교 25년이 지난 지금에서야 비로소 변월룡이란 작가의 실체를 알리는 전시회가 마련된 것이다.

그는 한인 최초로 구소련에서 미술로 박사학위를 받았다. 고국 방문 기회도 주어졌다. 북한에선 평양미술대학 학장이란 직책을 주었다. 그가 일 년 삼 개월을 머무는 동안 북한 미술 체계에 일대 혁명을 일으켜 놓았으며 많은 업적을 남겼다. 변하는 사계의 아름다운 풍경을 화폭에 담았지만 귀화를 거부하고 주체사상과 어긋난다는 이유로 북한에서 추방되고 말았다. 다시는 고국인 북한 땅을 밟지 못하는 마지막 길이었다. 소련과 교류가 없었던 시절 남한에서는 그의 존재조차 알지를 못했다. 러시아에서 미술의 거장으로 존경과 인정을 받았지만 정작 너무나 사랑했던 조국 북한이나 남한에서는 소외되어 있었다.

화가는 북에서 본 풍경과 인연들을 잊지 못했다. 월북 문인이나 예술가들, 주민들의 생활과 명승지까지 아름다운 색채로 기록하듯 생생하게 그려졌다. 전쟁의 아픔까지 시대의 비련을 증거물로 화폭에 담아 놓았다. 변월룡의 예술 세계를 늦게나마 알게 된 것도 천재적인 재질과 탄탄한 데생이 있었기에 가능한 일이다.

발길을 옮긴다. 전설적인 월북 무용가 최승희 초상화 앞이다. 제자들을 가르치는 모습까지 그림으로 남겼다. 실물을 보는 듯 춤사위가 생생하게 살아있다. 북한 지역 무용을 발전시키며 승승장구하던 그녀도 숙청되어 정치범 수용소에서 사망했다고 하지만 확신할 수 없는 여러 가지 사망설이 있기도 하다. 생전에 그녀의 활동을 볼 수 없었던 나로서는 그림으로 최승희를 만나는 영광을 안았다.

문학과 그림, 또한 미술사학자로서 한 시대를 풍미한 근원 김용준의 초상화도 걸려 있다. 멋을 아는 예술가로 보인다. 검은 코트에 진한 베이지색 목도리가 퍽 인상적이다. 그 시대 모습이라고는 상상할 수 없는 멋지고 세련된 패션에 놀랐다. 월북 이전에 김용준은 가난한 화가 김환기에게 신혼집을 마련해 주기도 했단다. 그 마음만 미루어 보아도 두 사람의 우정이 어느 정도였다는 걸 짐작하게 한다.

김환기의 유명한 점화 그림 '어디서 무엇이 되어 다시 만나랴' 속 수많은 점, 한 중심에 김용준을 그리워하는 마음을 점 하나로 찍었으리라. 이제는 해금되어 《근원수필집》이 발간되었다고 한다. 잘생긴 그의 초상화가 살아 있는 듯하다.

변월룡에게 어머니는 그리움의 대상이다. 노년기에 화가는 흰 저고리에 검은 치마를 입은 자애롭고 후덕한 어머니의 초상화를 그렸다. 흰 셔츠를 입고 있는 그의 자화상과 닮아 보인다. 인물화는 주로 흰옷을 입고 있다. 그만큼 백의민족이란 걸 강조하고 싶었을 게다. 나는 아직껏 흰 물감으로 이렇게 환상적으로 신비스러운 느낌을 주는 그림을 보는 건 처음인 듯하다. 희디흰 물감으로 눈이 시리게 그의 한恨을 나타내었다.

고향을 떠나온 사람들은 안다. 마음 언저리에는 언제나 아련함으로 고향을 그리워한다. 갈 수 없는 조국이라면 더더욱 그랬으리라. 그가 그린 '바람'을 소재로 한 그림에서도 느낄 수 있다. 러시아에서 뿌리내리지 못하는 바람 같은 자신의 심경이 표현되어 있다. 거칠게 불어대는 바람을 견뎌내는 나무가 뿌리를 지탱하며 순응하는 그림은 바로 화가 자신이라는 느낌이 든다. 비록 소련 땅에 살았지만 죽을 때까지 자신의 그림에 한글 이름을 새겨 넣었다. 그건 고국에 대한 확고한 정체성을 굽히지 않은 것으로 보인다.

안타까움은 조국에 대한 기억들은 좀처럼 잊지 않았다는 것이다. 많은 북한의 화가들이나 예술인들을 영혼의 붓질로 화폭에 담았던 작품들은 오로지 '민족의 뿌리'였다. 그가 대한민국에 거주했더라면 그 시대 화가 박수근, 이중섭, 김환기와 함께 구상작가 변월룡이란 근현대미술계의 자랑스러운 천재 화가로서 역사에 길이 남았으리라.

그림을 관람하는 동안 시간을 되돌려 그 시대에 내가 서 있는 느낌이다. 잘 그려진 그림을 감상하는 동안 명치끝이 찔린 것처럼 마음에 끝없이 아픔이 인다. 변월룡 화가가 평생 고국을 가슴에 품고 지낸 삶의 기억들이 캔버스에 붓질로 남아 있다. 바람이 불어야 뿌리 깊은 나무를 알 수 있듯, 세차게 흔들어도 결국 뽑히지 않았던 그는 러시아인도 한국인도 아닌 고려인으로 우리가 알 수 없었던 일생을 마감한 거장 화가 변월룡이다.

1950년 울(송) 270×150

칼과 도마

세상에는 일심동체를 이루는 것이 많다. 어느 것 하나만 없어도 외팔이나 다름없다. 부엌에서 사용하는 칼과 도마는 늘 단짝처럼 등장하여 미식가들의 입맛을 돋우는 일에 솔선수범을 한다. 칼은 도마의 희생이 따라야 온전히 제구실을 수행할 수 있다.

도마는 뭐니 뭐니 해도 단단한 박달나무가 최고요, 칼은 대장장이가 풀무질로 담금질한 무쇠칼이 일품이다. 그 옛날 시골 부엌에서 끼니를 준비하던 어머니가 무쇠칼로 둔탁하게 도마를 치던 소리가 지금도 가끔 귓가에 들려오는 듯하다. 어머니가 오랫동안 사용했던 박달나무 도마는 무수한 칼질에 의해 한가운데에 골이 파였다. 그것은 오로지 가족을 위해 희생한 어머니의 가슴 아픈 생이라고도 할 수 있다. 어머니의 칼놀림은 그 어떤 기계보다도 정교하였다. 사랑을 요리하던 그런 아내를 위해 아버지는 숫돌에다 정성 들여 칼을

갈아 날을 세워 주었다.

요즘 매장에 가면 용도가 다양한 도마와 식칼 제품들이 주부들의 눈길을 사로잡는다. 도마는 여러 가지 색으로 식자재 쓰임에 맞게 쓸 수 있게 만들어졌다. 파란색은 생선, 빨간색은 육류, 초록색은 야채, 흰색은 익힌 것으로 골라 사용할 수 있다. 또한 요리 경연대회에서 요리사들에게 음식은 곧 예술 작품이다. 각종 재료들을 아름답게 요리하는 그 모든 임무를 도마와 칼이 완벽하게 해준다.

뭉툭하게 문드러진 칼과 도마가 필부필부匹夫匹婦와 어울린다면, 날렵하게 생긴 스테인리스 칼과, 항균 작용까지 한다는 다양하게 디자인 되어진 신식 도마는, 막 결혼한 젊은 부부에게 잘 어울린다.

그동안 여자들이 남편과 자식을 위해 희생하는 도마였다면 이제는 그 역할이 바뀌는 세상이 되어가고 있다. 요즘 여성들은 사회진출이 늘어나 각 분야에서 당당히 능력을 인정받으면서 오히려 남편들의 적극적인 외조를 받게 되었다. 심지어 능력 있는 아내를 위해 전업주부의 일을 도맡아 하는 남성들 또한 늘어나는 추세다. 맞벌이 가정일수록 부부가 서로 역할을 분담함으로써 가정의 행복을 추구하는 초석이 될 수도 있다. 옛날 남편들은 아내 사랑을 마음에 담아 내색하지 못하고 권위주의로 살았지만, 지금의 남편들은 아내 사랑을 적절하게 표현한다. 그동안 식탁에 앉아 숟가락! 물! 하면 즉각 식탁 위에 올려야 했다. 그러던 권위주의 남편도 간혹 직접 물을 챙기기까지 하니 변해가는 세상을 실감한다.

예전에 어른들은 남자가 부엌에 들어가면 은밀한 부위가 어찌 된다는 말로 가부장적 남성 우월주의를 내세웠다. 그러나 지금은 아내를 도와 주방일을 도맡아 해주는 사위일수록 사랑을 듬뿍 받는다. 가히 혁신적인 변천사가 아닐 수 없다. 옛 조상들이 그 모양새를 듣고 보았다면 분노가 하늘을 찌를 일이다.

어쩜 칼과 도마는 세상 모든 부부들의 삶이라고 보여 진다. 그림만은 포기할 수 없다고 단호하게 말한 남편이었다. 모든 사람들이 염원하는 건 평생 동안 자기가 하고 싶은 일을 하면서 지내는 것이다. 그림이 남편의 행복한 삶이라면 그것 또한 아내인 나의 행복이기 때문이다. 예술가의 뒷바라지는 보통 사람들이 이해할 수 없는 생활의 연속이었다. 그러나 나는 기꺼이 남편의 도마가 되어주었다.

하지만 정작 남편 곁에서 희생하면서 나보다 더 많은 시간을 같이 하는 도마가 따로 있다. 그것은 팔레트다. 그 팔레트 위에서 남편의 손에 쥐어진 붓과 나이프가 여러 가지 물감을 혼합하여 만들어내는 색이 캔버스에 덧칠했을 때 독창적인 색의 예술을 만들어 낸다. 그러다 보니 그림을 그릴 때만은 나는 언제나 그의 세컨드다. '뭔가에 미쳐 있는 사람은 곁에 있는 사람이 외롭다.' 했다. 그림에 미쳐 있는 남편의 등 뒤에서 조용한 그의 그림자가 된다.

칼도 때론 잘못 사용하는 사람의 손에 쥐어지면 끔찍한 흉기로 돌변하여 세상을 떠들썩하게 하는 주범이 될 수도 있지만, 어떤 사람의 손에서는 칼이 삶의 전부가 되는 것이다. 또 칼만 흉기가 되는 것은 아니다. 잘못 뱉은 말 한 마디가 비수가 되어 상대의 가슴에 영원히 지울 수 없는 큰 아픔의 상처를 남겨 주기도 한다.

나는 늦은 퇴근길에 자갈치 시장에 자주 들린다. 직장에서 가깝다는 이유도 있지만 싸고 싱싱한 생선을 살 수도 있고, 매서운 갯바람을 견디면 꽁꽁 언 손으로 도마 위에 생선을 올려놓고 무뎌진 칼로 모진 세월을 자르듯 생선을 내리치는 자갈치 아지매들의 억센 삶을 보면서, 직장에서 하루의 팍팍하고 긴장된 마음을 풀어보기도 한다.

우리나라에서도 이혼이 부쩍 늘어나는 추세다. 도마가 판판이 받쳐주어야 칼날이 옹이지는 걸 방지해준다. 늘 여자가 참고 희생만 하라는 그런 뜻은 아니다. 흔히 부부싸움은 칼로 물 베기라고 한다. 그러니 칼과 도마처럼 서로 이해하면서 조화롭게 살았으면 한다.

살아오면서 나는 타인의 가슴에 비수가 되었던 적이 있었던가? 아니면 든든한 받침목이 되어준 도마였던가? 저녁 준비를 하다 문득 지난 세월을 반추해 본다.

하구언 70×30.2 2006

푸르렀던 날을 찾아서

지난 2010년 12월 개통된 거가대교는 뭍과 섬을 연결시켰다. 국내 최초로 두 개의 사장교와 침매터널은 남해안 실크로드의 개막을 알리는 축포를 쏘아 올리는 다리이다. 최대 수심 48m의 해저터널은 세계적으로 유례를 찾을 수 없을 만큼 순전한 우리의 기술력이 동원되었다. 아름다운 해안 절경과 어우러진 수려한 풍경은 관광객들의 발길을 재촉했고, 그로 말미암아 부산의 대형 백화점들이 호황을 누리고 있다고 매스컴들은 연이어 보도를 내보냈다.

거제도를 오가는 예전의 유일한 교통수단은 여객선이었다. 해상에 풍랑주의보라도 내리는 날에는 뱃길을 꽁꽁 묶었고, 교통수단으로 이용한 버스는 상당한 시간이 걸렸다.

누구에게나 안태安胎고향은 있기 마련이다. 거제도가 고향인 나 역시 마음 언저리에는 늘 비릿한 갯내의 잔물결이 찰랑대고 있다.

도시에서 자란 이들은 시골을 고향으로 두고 있는 사람들의 아련한 향수의 감회를 모를 것이다.

거가대교가 완공을 앞두고 막바지 공사를 하고 있을 때쯤이다. 부산에 살고 있는 초등학교 친구 모임에서 고향에 한번 다녀오기로 의논이 되어 있었다. 그동안 고향을 떠난 뒤로 다녀올 기회가 없었던 터라 모처럼 좋은 기회가 주어졌지만, 식구들의 식사가 걸림돌로 작용했다. 다행히 가족들은 우려하던 내 마음과는 달리 흔쾌히 등을 떠밀었다. 그 덕분에 강산이 몇 번이나 변해버린 뒤에서야 고향을 찾아가게 되었다.

뱃길은 과거와 엄청나게 달랐다. 옛날에는 여객선을 타고 세 시간 가깝게 거친 파도에 시달렸다. 앞에서는 육지가 빤히 보이지만 뱃속에서는 토사곽란이 일어나 정신을 차릴 수가 없었다. 눈물 콧물이 범벅되었던 그 당시 고향 가는 길은 고단하고 지난했다. 그때는 정말 편하게 빨리 갈 수 있는 다리가 하나 놓였으면 좋겠다는 생각이 들었다. 가당찮았던 그 바람이 지금 이렇게 현실로 다가왔다.

어렸을 적 친구들과 탔던 배와 달랐다. 쾌속선은 수십 대의 차량을 싣고 한 시간 남짓이면 거제도에 도착한다고 했다. 바람이 불어 파도가 이랑을 이루었지만 흥분에 들뜬 우리들은 어린 시절로 돌아간 듯 폭소를 자아내며 신나게 웃었다.

승객들의 모습도 달랐다. 승객들이 손에다 과자를 올려놓으면 갈매기들이 날아와 받아먹었다. 뱃길에서 바라봤던 거가대교 대공사의 웅장함에 입을 다물 수가 없었다. 뭍과 섬을 이어 굴을 뚫은 해저 터널까지 만들었다니 우리나라의 대단한 건설 발전에 감탄했을 뿐이다.

수다를 떠는 동안 그리던 고향이 눈앞에 펼쳐졌다. 고향의 모습은 마치 TV에서나 볼 수 있는 아름다운 지중해의 경치를 직접 보는 듯 정신이 혼미했다. 유럽풍의 빨갛고 파란 뾰족집들이 울창한 숲과 바다가 어우러져 이국적인 모습으로 변해 있었다. 고향이 변했다는 소식은 들었지만, 어릴 적 고향의 정겨운 집들은 사라지고 관광객을 위한 펜션과 모텔들이 곳곳에서 보였다. 경치 좋은 곳에는 틀림없이 지어져 있었다.

부두에는 고향을 지키며 살고 있는 친구들이 마중을 나와 있었다. 친구들 역시 세월은 비껴가진 못했다. 얼굴엔 주름이 가득한 친구, 약간의 건강을 잃은 친구, 영원히 볼 수 없는 친구들도 있었다. 모처럼 만난 반가운 친구들 덕분일까, 잊지 못한 거제도의 억센 사투리가 자연스럽게 내 입에서 흘러나왔다. 마을에서 이장 일을 보던 친구가 도다리와 해삼을 잡아 찾아온 도시 여인들의 입맛을 즐겁게 만들었다. 우리는 옛날을 추억하며 바다 양식장 뗏목 위에서 짭조름한 갯냄새까지 마시면서 즐거운 고향의 하루를 보냈다. 흐르는 세월 앞에 모든 게 변했지만 우정만큼은 여전히 고향의 맛 그대로였다. 고향 친구란 몇십 년을 만나지 않아도 만남 그 자체가 이루어지는 순간, 허물없는 사이가 되었다.

그날 화제는 거가대교였다. 고향의 엄청난 변화에 객지 친구들은 말을 잃었고, 그곳에 머무르고 있는 친구들은 흥분되어 있었다. 배를 타거나 농사일에 매달리던 친구들은 대형조선소가 세워지고 거가대교가 개통되는데 힘입어 하늘 치솟은 땅값으로 부富를 축적한 듯 한결 여유로워 보였다.

다음날 몇 대의 차를 나누어 타고 칠백 리 한려수도를 일주했다. 눈앞에 보이는 갯벌은 옛날 내 어머니가 바지락을 캐던 텃밭이었다. 살아생전에 모든 고통을 보듬었던 어머니의 모습이 검푸른 물결 위에 오버랩되었다. 지나치던 찻길 옆으로 예전의 우리 논이었던 곳에도 화려한 양옥집들이 자리잡고 있다. 청정의 바다는 예전과는 달리 양식장으로 변해 있었다. 하얀 모래 알갱이가 물결 따라 살랑거리는 바다, 작고 예쁜 돌멩이가 밀려오는 파도에 내 유년의 푸른 추억들이 고스란히 녹아 있는 곳이다.

고향에서 나는 나그네로 서성이다 황망하게 떠나왔다. 저마다 꿈을 안고 객지로 떠났던 고향이었기에 비릿한 갯냄새가 더욱 그리웠다.

어느 친구가 말했다. '생이란 두루마리 화장지 같아서 끝으로 갈수록 더 빨리 풀려 버린다'고. 세월은 저만큼 달아나 버렸지만 마음만은 오롯이 유년의 추억에 맴돌고 있다.

이제 고향은 마음속에 깊이 수장된 채 사계四季를 두고 추억을 반추할 것이다.

꽃바람

K 선생이 자동차 페달을 밟았다. 봄의 기척에 여인들의 마음이 뒤집어졌다. 봄으로 가는 길은 물길처럼 흐르는 길이어야 한다. 매화, 산수유도 좋지만 막 꽃잎 터트린 목련꽃도 보고 싶다. 꽃바람이 들어도 오지게 들었다.

때맞추어 원동 장날이다. 냉이, 봄동, 쪽파, 달래 등 장터에서 봄 채소가 풍성하다. 봄을 파는 시장통이 왁자지껄하다. 플라스틱 대야마다 봄이 한가득 담겨 있다. 예로부터 유명했던 원동 딸기가 윤기 나는 붉은 자태를 뽐낸다. 봄의 시작은 봄나물을 팔고 있는 시골 장터에서다.

장날, 시장 통로 행거에 걸려 있는 알록달록 옷들도 오늘은 만개한 꽃이 된다. 봄바람이 길표 치맛자락을 팔랑이며 여인들을 유혹한다. 부담 없는 옷값이지만 고르는 눈들은 까다롭다.

"고마 집안에서 막 입어도 옷값의 몇 배 가치는 할 낍니더."

들떠있는 여인들과 달리, 판매하려는 주인은 담담하기만 하다. 팔아도 그만 안 사가도 그만인 듯 여유롭다. 백화점의 매출에 신경을 곤두세우는 싹싹한 판매원들의 친절한 말보다 툭 던지는 아저씨의 투박한 말이 차라리 고객의 마음을 움직이게 한다. 팔랑대던 통바지가 검은 봉지에 담겨 꼼짝없이 차에 오른다.

금오산 중턱에 자리 잡은 '여여정사'에 들어섰다. 대웅전 오른쪽 약간 경사진 곳에 비슷한 크기의 산수유와 매화나무가 활짝 꽃을 피워 부처님의 미소처럼 내방객을 맞는다. 노란 산수유가 하얀 매화와 조화를 이루어 이곳의 봄을 알리고 있다. 울창한 대숲을 휘도는 바람에 번잡한 마음을 날려버리고 고요한 곳에서 죽었다고 생각된 내 오감도 살짝 깨어난다. 봄의 기운이 느껴진다.

노란 산수유를 보니 어릴 적 큰집 언니 시집가던 날이 생각난다. 수줍던 새색시 예쁜 언니의 노란 저고리도 저 산수유처럼 고왔지. 그때부터 나는 유난히 노란색만 보면 정신없이 빠져든다.

앞다투어 핀 매화꽃이 천지다. 꽃 속에 가득한 꿀샘으로 벌과 나비 떼가 날아든다. 진노란 상의를 입은 여인들도 오늘은 화사한 봄꽃이다. 행여 저 꽃에 취해 날아들 마초 같은 사나이도 상상해본다. 함께 한 수필가 선생님은 고목이 활짝 피운 매화꽃 은은한 향기에 취했나 보다. 여민 마음을 살포시 열고 들어오는 미소를 차마 떨쳐내지 못하는 듯하다. 어스름해지는 나이에 젖어드는 그리움인지, 말라가는 심정에 행여 흑심이라도 품어보는 것일까. 그 마음을 헤아릴 수 없다. 장미꽃처럼 사람을 유혹하는 진한 향기는 아니지만 매화꽃의 청초한 자태에 글을 쓰는 고요한 노신사의 심사도 흔들리나 보다. 바라보는 눈길을 떼지 못한다.

봄꽃은 참 짓궂다. 넘치는 감성을 일깨워주는 것은 남녀노소를 가리지 않는다. 이미 여자이기를 지웠다고 생각하는 내 마음조차도 괜스레 가슴이 설레게 하니 말이다. 그래! 매화 그대를 만나야 봄인 게지. 그래야 마음에 환한 꽃등이 켜지는 거지.

마침 원동 매화 축제로 밀려든 차들로 속도가 느려진다. 떨어진 언덕배기에 홍매화가 유난히 붉은색을 띠고 외롭게 서 있다. 누가 보아주든 아니든 나무는 자신의 꽃을 피워내고 있다. 인간이 태어날 때 부모의 능력에 따라 세상살이가 다르게 살아가듯, 꽃 역시 장소에서 따라 핀다. 꽃의 가치도 어디서 피느냐에 따라 달리 평가된다.

며칠 전, 겨울의 끝자락이 가시기 전이다. 유엔공원에 홍매가 피었다는 언론 보도가 있던 다음날이다. 그곳 홍매화는 찾아오는 수많은 객의 카메라 세례를 넘치도록 받고 있었다. 귀하신 몸으로 잔디가 융단처럼 깔린 양지바른 자리를 차지하고 고운 색으로 꽃을 피웠다. 해마다 부산에서 맨 먼저 봄을 알리는 전령사 홍매화를 보려 밀려드는 사람들로 인하여 행여 해를 당할까 울타리를 만들어 가까운 접근을 막고 있다. 홍매화는 대접받는 귀하신 몸이다.

아무리 꽃향기를 피워내는 아름다운 꽃으로 피었다 해도 그 자리가 아무도 봐주지 않는 외진 곳이라면 혼자 피어났다 혼자 질 뿐이다. 내가 봤던 가난한 예술가들도 다를 바가 없었다. 산 오름길에 외롭게 서서 순간 포착을 하염없이 기다리던 김영갑 사진작가가 그랬고, 골방에서 허접한 옷을 걸치고 아름다운 멜로디를 퉁겨내던 기타 연주자도 다름이 없었다. 아무도 찾아와서 바라봐 주지 않는 언덕배기에 외롭게 서 있는 홍매화가 불어오는 바람에 괜한 꽃가지만 흔들어 댄다.

봄은 오고 있지만 사람마다 봄을 느끼는 마음은 사뭇 다를 터. 꽃바람에 완전히 취해버린 그녀들과 달리 내 마음에는 꽃바람조차도 쉬 들지 않는다. 가슴팍만 시릴 뿐이다. '꽃샘에 설늙은이 얼어 죽는다'는 옛말은 아니다. 가슴 깊은 곳에 자리하고 있는 한겨울 추위를 아직 다 떨쳐내지 못한 탓이리라.

마지막 돌아 나온 길모퉁이 양지바른 곳이다. 그곳에 일찍 핀 하얀 목련을 만났다. 소복한 여인처럼 청초하고 가련해 보인다. 하필이면 목련의 꽃말이 못다 한 사랑이라니. '목련! 그 못다 한 사랑 나하고 하자.'던 글귀만 아릿해진다.

매화 90×60.6 2011

멋진 날개

달라도 너무 달라졌다. 평소에 수더분한 차림으로 전혀 변화가 없을 것 같은 선생님의 모습이었다. 파마를 한 머리는 요란스럽지 않게 자연스러운 웨이브가 현대적인 세련미를 보여주었고, 붉은 줄이 연하게 들어간 진한 네이비 셔츠에, 더욱 놀란 것은 넥타이였다. 내 코디 상식으로는 전혀 어울리지 않을 것 같은 노란 넥타이가 어색하기보다는 진한 셔츠에 밝고 화창한 봄날과 조화가 되어 산뜻하게 어울렸다. 그래서 그런지 오늘 내내 부드럽고 웃음이 넘쳤다. 이렇듯 옷이란, 어떻게 입었느냐에 따라서 상대방에게 즐거움을 줄 수도, 또는 심한 불쾌감을 줄 수도 있다.

사람들이 붐비는 곳이면 남다르게 옷을 입은 사람들을 머리에서 발끝까지 슬쩍슬쩍 보게 된다. 억제 못하는 직업병이 발동하는 것이다. 그러다 보니 사람들의 차림에 나의 시선이 향하게 되고 그들의 차림에서 나의 패션 감각을 느껴보기도 한다. 그리고 아침에 출근하는 남편을 챙겨주는 바쁜 아내의 정성 어린 내조를 보게 된다.

내가 옷에 관심을 갖기 시작한 것은 아마도 바느질 솜씨가 좋았던 어머니의 영향인 것은 틀림이 없다. 동네에 결혼하는 처녀가 있으면 결혼복은 꼭 어머니에게 부탁을 했다. 그렇다고 따로 수고비를 받는 것은 아니다. 그때는 동네 인심이 그랬다. 부엌에 장작이 타고 나면 벌건 숯을 화로에 담아 위에는 재를 덮어 다독이고 옆으로 인두를 비스듬히 찔러놓는다. 인두에 적당히 열이 가해지면 바느질한 곳을 다리기도 하고 솔기는 꺾어 누르기도 한다.

어머니 솜씨에 가장 감탄하는 것은 저고리 앞섶이나 버선코를 만들 때다. 두꺼운 무명실을 바늘구멍에 끼워 바느질이 다 된 옷이나 버선은 뒤집어 가장자리에 바늘을 끼워서 실을 다 빼지 않고 맞잡아 적당히 힘을 주어 당기면 맵시 있는 코가 만들어진다. 그리고 인두로 지그시 눌러 다리면 그건 바로 예술이다. 그렇게 해서 어여쁜 새색시가 결혼식에 입게 될 연두색 저고리에 다홍치마를 완성한다.

어머니가 방 아랫목에서 바느질을 할 때 나는 반짇고리 안에 초록색 끈으로 감겨져 있는 예쁜 꽃분홍 보자기를 풀어서 겹겹이 싸여 있던 화려한 천 조각들을 방바닥에 늘어놓았다. 어머니를 졸라 비단 천 몇 조각을 받아 어머니 바느질을 흉내 내면서 열심히 인형 옷을 만들었다. 그때가 지금도 화롯불처럼 따스하고 아련하게 느껴진다.

"옷이 날개다."라는 말이 있다. 옷을 어떻게 잘 입느냐에 따라 사람이 달라 보인다. 말 그대로 꾸미는 것에 따라서 달라 보일 수도 있다는 의미가 담긴 말이다. 옷을 여자들만 잘 입어야만 하는 것은 아니다. 특히 거친 세상과 부딪히며 살아가는 남자들의 차림은 더욱 중요하다고 생각된다. 사람들과의 만남에서 물론 나 자신의 멋을 위하는 경우도 많지만, 때론 상대의 체면을 생각해야 할 경우가 있다. 허접한 차림으로 대인관계에 임했을 때 특별한 큰 힘이 작용하는 경우에는 다르겠지만, 아직 내 능력을 인정받지 못했을 경우에는 직장에서나 사업상 큰 손해를 볼 수도 있다. 굳이 값이 비싼 옷이라야 하는 말은 아니다. 옷장 안에 걸려 있는 넥타이 하나를 잘 골라 포인트를 주어도 고급스러운 스타일이 되어 웬만한 시선들 앞에서 큰 자신감을 얻게 되는 것이다.

요즘은 거리나 지하철이나 백화점을 가다 보면 전문가 못지않게 옷을 잘 입고 다니는 사람들이 많다. 체형에 어울리는 옷차림으로 시선을 사로잡는다. 우리나라도 경제가 좋아지고 물자가 풍부해졌다. 무엇보다도 스타일이 좋은 모델의 포즈를 찍은 화보 잡지나, 영상매체가 발전한 것이 일반 사람들에게도 영향을 주지 않았나 싶다. 그래서 어디를 가나 넘쳐나는 곳이 옷이 진열된 매장들이다. 여자들은 물론이지만, 더욱이 젊은 남자들의 옷 입는 감각이 눈에 띄게 멋스러워졌다. 컬러 감각, 그에 어울리는 센스 있는 액세서리와 신발까지, 마음속으로 감탄 연발이다. 하지만 이왕 돈을 들여 입었는데, 감각을 살리지 못할 경우에는 안타까운 마음까지 들게 된다.

한 티브이 프로에 법륜스님께서 출연하셨다. 한동안 절에서 거지와 동고동락하면서, 그분에게서 너무나 큰 것들을 배웠노라 하셨다. 법륜스님 말씀 중에서 내가 너무 공감을 느꼈던 말씀이다. 아주 지저분하게 걸쳐 입고 구걸을 하는 거지는 백 원짜리 동전을 얻거나 못 얻을 때도 있다고 한다. 그러나 깨끗한 모습으로 차려입고 동냥을 나가면 사람들은 무슨 사연이 있나 보다 하고 천 원이나 간혹 만 원짜리 파란 지폐를 줄 때도 있단다. 즉 이런 경우 옛말에, "입은 거지는 얻어먹어도 벗은 거지는 얻어먹지 못한다."는 말에 해당한다. 그러니 이왕이면 옷차림이 깨끗하고 단정하면 대접을 받는다는 뜻이다.

자신에게 어울리는 옷을 고르는 것이 멋내기의 기본으로 본다. 아직도 자기의 개성은 없고 오로지 친구가 입은 옷이 좋아 보이고 자신이 입은 옷도 친구가 어울린다고 하면 그 옷이 그저 잘 어울리고 좋은 옷이라고 생각하는 사람들도 있다. 다른 사람이 입어서 멋스럽게 보여 애써 그런 옷을 찾아서 구매하는 분들을 보게 된다, 누구나 자신만의 분위기와 체형이 있으니, 그렇게 구매한 옷은 실패하지 않나 하는 생각이다. 구매한 옷을 입고 거울 앞에 선 자신의 모습에서 다른 사람이 입었을 때의 분위기가 나타나지 않을 경우 애써 돈 주고 산 옷을 펼쳐놓고 심한 스트레스와 옷 처리에 대한 고민이 깊어진다.

먼저 자신의 체형부터 꼼꼼히 살피는 것이 가장 중요할지 모른다.

진정한 멋내기는 자신의 체형을 잘 아는 것에서부터 시작되는 것이다. 구색을 갖춰 잘 맞춰 입었을 때의 자신감이 명품보다 더한 가치를 유발하는 것이다. 그런 차림이야 말로 내 몸에 누구보다도 더 개성 있는 나만의 멋진 날개를 달게 되는 것이다.

어디서 무엇이 되어 다시 만나랴

부산에서 전시하는 '한국 근대 회화' 전시회를 관람하러 갔다. 간혹 미술 전문지에서나 보았던 명작들을 감상할 수 있었다. 화가인 아들에게는 유명 작가의 그림이 또 다른 창작의 영감을 얻을 수 있는 기회이기도 하다.

제1전시장에 들어선다. 오랜 옛사랑을 만난 듯 그림 앞에 선 나는 흥분되기 시작했다. 다른 작가들에 비해 유달리 모작模作에 휩싸였던 여류 화가 천경자가 거기 있었다. 꽃과 영혼의 화가, 꽃 모자를 눌러쓰고 있는 작가를 닮은 듯한 '길례 언니' 작품이 걸려 있다. 열정의 화가 이중섭. 그가 즐겨 그렸던 것은 일본에 두고 온 가족과 우직한 한우였다. 가장 한국적인 화가 박수근 그림을 감상한다는 건 진정 감동이다. 더구나 남편의 우상偶像이기도 했다. 지금까지 최고의 가치로 평가받고 있는 '빨래터'에서 촌부들의 소박한 삶을 만난다.

200호 그림 앞에서 숨이 멎었다. 거대한 화폭 가득 무수히 많은 점이 마치 모래를 흩뿌린 듯 촘촘히 퍼져 있다. 그림은 모더니즘 화가 김환기 작 〈어디서 무엇이 되어 다시 만나랴〉이다. 점화다. 짙은 푸른색에 작은 점들은 결코 차갑지도 않다. 별빛이 부유하는 밤하늘의 풍경이다. 화면 안에 희미한 하얀 곡선은 신비로운 작은 우주 같기도 하다. 작가의 전면 점화를 보고 있노라니 독창적인 저 그림을 그리기까지 화가의 고통이 느껴져 외면할 수 없는 아픔이 아련하게 사무쳐온다. 그림은 고요하다. 작품이 감동을 주고 나아가 화단에서 높은 평가로 인정받는 것에 화가 가족을 둔 나에게는 부러움이 앞선다.

예전에는 추상화를 관람하면서 건성으로 지나쳤다. 관점에 따라 평가도 다를뿐더러, 짧은 식견으로 도무지 해독 불능이었다. 하지만 이 작품은 달랐다. 색채를 단순화시킴으로써 강렬한 인상을 남겼다.

김환기 화백이 70년대 전국 미술 대전에서 대상을 수상했던 〈어디서 무엇이 되어 다시 만나랴〉에 반복적으로 찍은 점 하나 하나는 사물의 형상을 지우고 미세한 점들로 빛의 울림을 강조한 추상화이다. 맛으로 치면 담백하다고나 할까. 하늘과 바다, 영롱한 별들이 화면 전체를 채웠다. 푸른 단색의 점화는 어디에 시선을 두어도 안온하게 느껴진다. 자유로운 평면에 은은한 그림이다. 뉴욕에서 활동을 하던 그는 도시의 화려한 야경을 바라보며 고향의 바다와 그리운 사람들의 얼굴이 떠오를 때마다 화폭에 하나의 점과 그리움을 그려 넣었을 것이다. 영혼에 불을 지피고 인고의 세월로 다져낸 작품은 그 무엇으로 대신할 수 없는지도 모른다.

옛날이나 현재에도 예술가들의 생활고는 대부분 고달프기만 하다. 그 역시 다르지는 않았으리라 짐작된다. 분신 같은 그림이 최고의 예술 작품으로 인정받으며 최고의 경매가로 낙찰된 사실을 저승에서 접했다면 그는 매우 행복해할까? 아니면 살아서 예술의 가치를 누려보지 못한 아쉬움에 헛헛해할까? 하지만 그의 말을 들을 수 없으니 '인생은 짧고 예술은 길다'라는 명언이 실감나게 한다.

그림에는 내 어린 시절의 밤하늘 풍경이 보인다. 섬에서 자란 나는 여름밤 평상에 누워 하늘 가득 무수히 펼쳐진 별들 속에서 내 별 하나를 만들어보곤 했다. 그래서인지 김환기 그림이 더욱 가슴 안으로 파고든다. 작품 대부분이 암청색과 엷은 쪽빛을 많이 띤다. 풍경은 시어처럼 절제된 느낌이다. 그의 그림은 그리움을 담고 있다. 전면에 퍼져 있는 십만 개의 점 중 내 그리운 점 하나를 찾아본다. 그것은 떠나버린 사랑하는 이들을 다시 만날 수 있다는 꿈을 꾸게 한다. 그림 앞에서 마음은 끝없이 아련해진다.

작가가 점화에서 즐겨 사용한 푸른색은 그의 고향 푸른 하늘과 바다를 그리워하는 마음이 투영된 것이라 짐작된다. 그런 영향 탓인지 빛을 발하고 있는 저 별의 처절한 고독은 바로 김환기의 모습으로 보인다. 먼 타국에서의 외로움을, 만나고 또 만나는 생의 인연을 그렸나 보다.

한때 '유심초'라는 가수가 불렀던 노래 가사이기도 하다. 노랫말이 너무 좋아 즐겨 부르기도 했다. 그림은 절친인 김광섭의 〈저녁에〉란 시에서 영감을 얻었다고 한다.

저렇게 많은 별 중에서
별 하나가 나를 내려다본다
이렇게 많은 사람 중에서
그 별 하나를 쳐다본다
밤이 깊을수록
별은 밝음 속에 사라지고
나는 어둠 속에 사라진다
이렇게 정다운
너 하나 나 하나는
어디서 무엇이 되어 다시 만나랴

– 김광섭의 詩, 〈저녁에〉

시는 사람의 인연을 노래하는 듯하다. 불교에서는 인연이란 멈추지 않고 어떤 모습이라도 계속 윤회되는 것이라 한다. 그렇다면 나의 사랑하는 인연들은 어디서 무엇이 되어 다시 만나게 될까. 그리움으로 그려진 그림 속에서 내 별 하나를 찾고 있다.

연 145×75 2007

팔공산 관봉석조여래좌상

정초에 친구 따라 대구 팔공산 갓바위 '관봉석조여래좌상'을찾아가기로 했다. 그곳을 번질나게 왕래하는 친구는 그 공덕의 힘으로 딸을 원하는 대학에 떡하니 합격시키는 경험을 지켜본 터라 얼치기 불자의 마음이 동요된 탓이다. 부처님이 부산 방향으로 앉아 계신지라 특별히 부산 사람들에게 영험이 있단다. 꼭 한 가지 소원은 들어준다는 속설에 귀가 번쩍 뜨였다. 이른 새벽 배낭에 공양미와 초를 챙겨 넣고 원하는 바를 한번 이루어 보자는 속내까지 챙겨 친구와 약속된 장소로 향했다.

신자들을 태우고 팔공산으로 가는 관광버스는 이른 새벽인데도 불구하고 만원이었다. 기사님이 다른 차까지 불러 신도들을 분산하여 태우고 난 후에서야 비로소 팔공산으로 출발할 수 있었다. 버스 안에 설치된 티브이 화면에는 고즈넉한 절의 풍경을 배경으로 맑고 카랑한 스님의 염불 소리가 차 안 가득 깔린다. 팔공산을 향하는 사람들의 욕심으로 찌든 세속의 몸과 마음을 먼저 정화시켜 주는 듯하다. 응달진 산자락에는 부산에서는 한겨울에도 볼 수 없는 잔설이 남아 있다. 이렇게 자연 속에 섞여 보니 지금의 내 생활은 사람에 묶이고, 일에 묶이고, 욕망에 묶인 일상들이다. 살짝 자연에서 마음의 여유로움을 찾는다.

버스가 팔공산 입구에 도착했다. 산 아래서 올려다본 정상은 아득하기만 하다. 오르는 코스는 세 갈래 길이 있었지만 우리가 가는 뒷길은 계단을 잘 만들어 그나마 올라가기가 훨씬 수월하다는 코스로 정했다. 오르는 좁은 산길은 어디서 이렇게 많은 사람들이 모여왔는지 오르내리는 계단은 발 디딜 틈조차 없다. 그야말로 인산인해人山人海를 이루었다고 해도 과언이 아니었다.

팔공산 갓바위 부처님을 찾는 사람들의 발길이 끊이질 않는다. 이들은 남편의 사업과 가족의 건강이나, 자녀의 대학 입시나 대기업의 입사 등의 기원으로 험한 산길도 마다하지 않는다. 더욱이 구정 초라 저마다 올 한해 가정의 안녕과 무사를 위해 한결같은 마음으로 갓바위를 향하고 있다.

그 가파르고 험한 길을 허리까지 굽은 할머니 한 분이 힘겹게 쉬엄쉬엄 오르고 계셨다. 걱정스러운 마음에 바라만 보고 있는데, 내려오시던 중년 아저씨 한 분이 한 말씀 툭 던지신다.

"할머니, 고마 집에 가만히 계시지, 다치면 어쩌시려고 이 험한 길을 올라오시는 기요."

숨이 찬 할머니는 힘에 버거웠던지 땅과 얼굴을 마주하면 묵언한 채 그저 묵묵히 산만 오를 뿐이었다. 중년 남자는 할머니가 마치 어머니 같았을까. 그렇지 않으면 나이 드신 분이 극성스럽다는 생각이 들었을까. 어느 쪽 생각을 했는지는 알 수 없다. 아마 모르긴 해도 어머니가 살아 있다면 그만한 연세가 되었을 것이다. 저렇게 허리가 휘어져도 기어이 부처님을 찾아가 아직도 빌어야 할 간절한 소원이 있었던가 보다.

세상살이 수월하게 넘어가는 것이 없어 늘 부모 탓으로만 돌리며 원망했다. 그 못난 딸의 투정까지 당연한 것처럼 받아들였던 내 어머니의 마음은 또 얼마나 억장이 무너지듯 서러웠을까? 순간 눈앞이 흐려져 한 발짝도 내디딜 수 없었다. 어머니가 살아 계신다면 아무리 험준한 길이라도 마다하지 않고, 목에 걸린 생선가시 같은 딸을 위해 팔공산 갓바위에 올라와서 부처님께 간절히 빌고 또 빌었으리라. 한순간 할머니의 모습이 내 어머니로 보여 눈가가 촉촉해지며 마음이 짠하다.

자신을 희생하는 모습이야 말로 세상의 모든 어머니 마음인 것을. 이제와서 뒤늦은 후회만 있을 뿐이다.

나는 어떤 종교나 낯선 곳을 찾아서 떠나 본 적이 없다. 그런 여유조차 없었다. 직장 생활과 전업주부의 일을 병행해야만 했기에 언제나 지쳤고 당장 현 생활이 우선이었다. 열심히 사는 것을 최선으로 삼았다. 한때 아들의 대학입시 실패가 마치 나의 정성이 부족해서 일어난 것 같아 여간 마음이 무겁지 않았다. 다른 부모들처럼 종교시설을 찾아 빌어보지 못한 것이 마음에 걸렸다. 그저 삼시세끼 밥만 겨우 먹여 준 부모인 것만 같은 죄책감에 스스로 자신을 힐책했다.

정상에 도착하니 큰 돌을 깎아 갓을 쓴 부처님이 좌불하고 있었다. 감탄사가 절로 나온다. 누가 언제 저렇게 정교하게 조각을 했단 말인가. 웅장하고 장엄하기까지 해서 그저 바라보는 눈은 놀라울 따름이다. 안내문에는 신라시대 원광법사의 수제자인 의현대사가 어머니의 명복을 빌기 위해 638년 선덕여왕 7년에 조성한 것이라 쓰여 있었다. 현재 보물 431호로 지정되어 있다고 한다.

인간의 마음이란, 비울 때는 잠깐이고 채우는 일에 대한 욕심은 끝이 없다. 마음의 부처라 했던가. 어렵게 가파른 산을 오르고 내려가는 그 자체가 고행이며 부처님을 찾아 내 마음의 평안을 얻고 스스로 위안을 받는 것, 그것이 바로 부처님의 뜻인 것 같다는 나름대로의 해석을 해본다.

지난겨울 한파는 참으로 모질고 짓궂었다. 이제 머지않아 봄이 오리라. 친구가 있어 산을 올랐고, 내리막을 내려오면서 진정한 삶의 의미를 깨닫게 되는 계기가 되었다.

고요를 일깨우는 염불 소리가 팔공산 산사에 울려 퍼지고 있다.

"약사여래불! 약사여래불!"

프리지아 35×27.4 2005(5F)

팬지 33×33 2004

팬지II 33×33 2000

최영애 수필집 《11월의 노랑나비》 작품평설

"화가의 아내"가 펼치는 서정적 고백과 심미적 자아 정립

박양근(문학평론가, 부경대 명예교수)

최영애의 여성 자아를 맞이하며

자유로운 영혼과 섬세한 감성을 지녔지만 그것을 스스로 단념하는 삶이 있다. 영혼과 감성이 더 자유롭고 더 섬세한 반려자를 만난 경우이다. 예술가를 사랑으로 맞이한 여인의 삶이 분명 그러할 것이다. 화가와 생활하는 삶은 집안 경제를 책임지고 매일 붓을 든 남편의 등밖에 볼 수 없는 외로움을 이겨내야 한다. 화가의 아내란 대개 그런 것이다.

이런 운명을 스스로 선택한 여인이 있다. 화가와 사랑에 빠지고, 존경으로 결혼하고 단 한 번 그림의 모델이 된 여자. 사후에는 그를 추모한 유작전을 개최한 추종자. 그와 함께 보낸 시절을 '노랑나비'로 곱게 풀어낸 작가. 숱한 여성들의 러브스토리가 주목을 받아왔다면

이 여인의 삶도 따뜻한 관심을 얻을 만하다.

예술에 빠진 남편을 지켜보는 아내는 무슨 생각을 할까. 살아있을 때는 위로받지 못한 고독에 젖고 그가 영원히 떠난 후에는 허탈감으로 방황할까. 함께 마신 커피 한 잔을 기억하고 그가 그린 초상화와 그림을 지켜보며 그립기만 한 감정에 몰린 건 아닐까. 그런 억측을 보기 좋게 물리치고 그리움과 자랑스러움의 화사한 시공 속에서 살아가는 '화가의 아내' 가 있다. 그가 최영애이다.

최영애는 강한 자아를 가진 여성이다. 생활력에서 질긴 여성성을 간직한 여자. 아버지의 뒤를 이은 아들이 화가의 길을 펼쳐나가도록 뒷바라지하는 어머니. 자식의 자식들에게 남은 애정을 퍼붓는 여성 가장. '환쟁이 세컨드' 라는 그늘에서 벗어나 문학으로 자아를 다스려 가는 문인. 자신도 음악을 사랑하고 그림을 좋아하고 글을 쓸 수 있다고 믿는 사람. 마침내 예술과 문학만이 진정 영혼을 위로한다는 믿음을 깨우친 인간. 그리고 남편에게 자랑하듯 이 모든 삶을 담은 수필집을 상재한 저자가 최영애 작가이다. 그 고귀한 결정체가 《11월의 노랑나비》이다.

1장: 화가의 아내로서 초상

그는 화가였고 나는 그의 아내였다.

– 〈11월의 노랑나비〉에서

위 문장은 최영애 수필집 전편에 흐르는 글의 맥을 압축한 구절이다. 단지 14자에 불과하지만 그 의의가 수필집을 융숭하고 깊게 만든다. 보통 한 작가의 과거, 현재, 미래의 삶을 대표하는 구절을 찾기 어렵지만 유시유종 같은 이 말은 수필집을 화살처럼 관통한다. 간결의 미학. 어떤 폭풍도 무너뜨릴 수 없고 어떤 폭설도 덮을 수 없는 결기의 서술로서 저자를 오롯하게 비추는 글이 있을까. 오직 '예술가인 그를 내조한다.'는 일념으로 버티는 여성에게만 가능하여 남이 보면 속없는 여자로 보일 정도이다.

《11월의 노랑나비》는 비인간적이면서 인간적인 이야기이다. 화가의 내조자로서 최영애를 조명하면 곡절 많은 인생이 명주천에 수놓은 붉은 꽃처럼 선연히 드러난다. 그러면서 사랑, 신뢰, 희생, 헌신, 그리고 슬픔의 눈물과 기쁨의 웃음과 탄식의 한숨을 들이키는 평범한 여자의 삶이 스냅사진처럼 좍 펼쳐진다. 그러는 가운데 수필집 속의 그 여자는 하늘을 훌훌 날고 싶은 몸짓으로 우리에게 말을 건넨다. 그러니 독자들은 '화가의 아내'의 사생활을 엿보는 게 아니라 그냥 열심히 살려고 한 어느 여인을 만난다고 생각하기 바란다.

무엇이 그녀로 하여금 화가에게 헌신하게 할까. 또 화가인 아들에게 무엇을 기대할까. 그것에 답을 찾기보다는 음악, 미술, 문학을 통해 자신의 허무를 다독여가는 한 인간에게 탄복하며 읽는 것도 괜찮다고 생각한다. "괜찮아."라는 말처럼 상대방을 따뜻하게 감싸안는 언어가 어디 있는가. 주변에도 화가의 아내만큼 힘든 삶을 뿌듯하게 여기는 여성들이 적지 않다. 분명한 점은 최영애가 남편과 아들만큼 예술을 존경하는 여자가 아니었다면 《11월의 노랑나비》는 탄생하지 않았을 거라는 사실이다.

화가에게 최고의 파트너는 아내이다. 그림에 살고 죽는 화가의 내조자는 그의 충실한 세컨드에 불과하다. 〈화가의 아내〉가 그 자화상을 달맞이꽃처럼 그려간다. 그녀는 아내로서 성실하고 희생적이다. 붓과 나이프를 손에 들고 이젤에 붓질하는 남편의 등만을 바라보았던 섭섭함도 회색 담벼락을 배경으로 에메랄드보다 푸른 실크 투피스를 입고 서 있는 자신을 60호 초상화로 정성스럽게 그려주었을 때 봄눈처럼 녹아버렸다. 지금도 그 그림 앞에 서면 "화가의 아내가 하늘이 내려준 생애 최고의 행운"이라 확신한다.

> 나는 남편의 가능성을 믿어주는 아내다. 언제쯤 작품이 인정받게 될지 정해진 바는 없다. 가냘픈 몸으로 애들 키우랴 살림하랴 경제적인 문제까지 도맡았다. 행여 물감이라도 떨어지면 저녁 장은 포기하고 물감을 사게 했다. 부실한 밥상보다 화가의 붓 멈춤을 더 안타까워했다. 그림 재료를 가득 채워주지 못하는 것에 마음 아파했다. 무명작가의 경제적 무능을 탓하지도 원망하지도 않았다. 오직 언젠가는 인정받을 그만의 작품세계를 그려낼 것이라는 분명한 가능성을 믿었다.
>
> – 〈화가의 아내〉 일부

아내로서 그녀는 남편의 재능에 희망을 건다. 생전의 남편을 회상하는 지금은 "그림을 그릴 수 있어 행복하다."는 남편의 말을 주문처럼 되새긴다. 생전에 남편을 뒷바라지했던 여자일 뿐 아니라 그의 사후에도 여전히 '화가의 아내'를 자처한다.

〈11월의 노랑나비〉는 등단작이다. 감기몸살로 불시에 떠난 남편의 애석한 죽음을 다룬 부고訃告 같은 글이다. 남편이 "이 작품은 어때?"라고 물었던 마지막 그림에 유작전시회에서는 '여운'이란 표제를 달았다. 노란색을 좋아하는 아내의 소소한 취미를 배려하여 함께 나섰던 여행에서 본 은행나무를 60호 크기로 늦가을에 완성하고 홀연히 떠난 그날, 병원으로 달려가던 그녀는 눈앞에서 바람에 휘날리던 노란 은행잎 광경을 잊지 못한다. 그녀가 기억하는 것은 남편의 마지막 얼굴이 아니라 처연히 떨어진 노랑 잎 무리들이었다. 그런 은행잎을 남편은 그림 속에서 사철 화려하게 부활시켰다.

> 그림이 여전하다. 은행잎이 나비 떼마냥 붙어있다. 날아올라도, 날아올라도 나비 떼가 줄어들지 않는다. 무수한 은행잎 나비가 나뭇가지를 가리고 있다. 그림 앞에 선 그가 마치 영원히 당신과 함께할 거라며 속삭이는 듯하다. 이제 봄이 멀어지고 여름이 지나면 그가 떠난 늦가을이 온다. 그러면 은행나무 잎이 무수히 떨어질 것이다.
>
> 하지만 내 은행나무에서는 변함없이 노란 추억이 날아오를 것이다. 오늘처럼 그때도 나의 남자가 된 그와 마주 서겠지. 처음이자 마지막으로 내게 그려준 그림 앞에서.
>
> – 〈11월의 노랑나비〉 일부

지금까지 남편의 등만 보았던 작가는 사후 비로소 남편과 마주 선다. 그가 그림이고, 그림이 그이므로. "처음이자 마지막으로 그린" 그림을 대하면서 그녀는 남편이 비로소 "나의 남자"임을 느낀다. 그림 속 은행잎이 무수한 노랑나비가 되어 하늘로 솟아오른다. 남편을 그리워하는 작가의 그리움도 비상한다. 오늘 그리고 내일 또.

〈화가의 아내〉가 설명하는 삶을 체화한 작품이 〈11월의 노랑나비〉라면 남편에 대한 그리움을 형상화한 것은 〈그립고 그립고 그립다〉와 〈어제 오늘 그리고 내일 또〉라는 두 작품이다. 생전에 부부는 화가인 아들의 작품을 지켜볼 때에 모처럼 유쾌하게 웃으며 행복을 만끽하였다.

그 아들은 어머니와 함께 이곳저곳으로 그림 여행을 가자고 권한다. 강주마을 해바라기를 찾아 나선 여행을 다룬 〈그립고 그립고 그립다〉의 행간은 남편에 대한 회억으로 가득 차 있다. 담벼락에 핀 해바라기, 강주마을의 해바라기, 고흐의 해바라기, 남편이 그린 해바라기의 공통점은 "시도 때도 없는 그리움"이라는 표상이다. 그리움이란 사라진 것을 아쉬워하는 감정이다. 문학은 근본적으로 그리움을 서정화한 언어망이므로 작가는 조물주처럼 죽은 것을 부활시키려 한다. 최영애도 세상을 떠난 남편을 되살려 다시 '화가의 아내'가 되고자 한다. 그 그리움은 아름답고 품격 있는 행위이다.

늦가을 은행잎을 가져와 수필로 활자화한 작가는 이번에는 "하염없이 태양을 바라보는 해바라기"로써 사랑을 전달한다. 그녀는 계절

따라 쌓이는 '홀로 있음'을 어떤 방법으로든 풀어내려 한다. 그 간절한 절박함이 그립다는 말을 세 번 되풀이하도록 한다. 그 언술에는 자연스럽게 세 가지 그리움이 담겨진다. 그것은 불시에 세상을 떠난 남편, 남편이 추구하던 예술, 그리고 인간의 원초적인 DNA로서 그리움이다. 예술과 사랑을 함께 엮은 〈그립고 그립고 그립다〉가 격조를 지니게 된 연유가 이것이다.

〈어제 오늘 그리고 내일 또〉는 남편을 추모하는 유작전을 소재로 한다. 작품도록을 펼치는 작가는 남편과 자신의 시간의식을 합친다. 시간의 시종始終을 모르면 사람은 그냥 시간에 얹혀살다가 죽는다. 그러나 의식을 지니면 객관적 시간을 주관적 시간으로 바꿀 수 있다. 최영애도 과거와 현재와 미래를 함께 묶는다. 유작전 화첩에 실린 남편을 바라보는 시점은 현재이지만 남편이 영면한 시간은 과거이고 유작전이 펼쳐질 내일은 미래이다. 있으면서도 없고, 없으면서도 있는 존재가 사진 속 남편이다. 그 존재가 '영원'히 존속할 한 편의 수필로 엮어진 것이다.

이 작품에는 두 시간관이 존재한다. 하나는 남편이 그렸던 시간으로 그림의 변화를 나타낸다. 과거는 그의 유년기 시절을 회상하며 그린 콩나물 시리즈이다. 현재는 캔버스에 바른 물감을 사포로 문질러 만든 무수한 단위 공간이다. 미래는 소외된 변두리 도시인들의 삶으로 나타난다. 다른 하나는 최영애의 시간이다. "그가 그곳에 있었다."는 과거의 의식이 내일 개최될 유작전으로 현재화하고 그것을 적은 수필로서 초시간적 불멸성을 얻는다.

> 밖에는 어둠이 조용히 깔린 시간, 고즈넉한 그의 작품을 바라본다. 평생 그림만 그리고 살 수 있어 행복하다고 말하던 그 사람, 병실에 누워서도 그림을 그리려던 그는 지금 여기에 없다. 캔버스에 그려진 그림도 마음에 그려지면 그리움이 되는가. 오늘 저녁, 나는 마음속에 그를 그리고 있다.
>
> 내일이면 유작전이 오픈한다.
>
> – 〈어제 오늘 그리고 내일 또〉 일부

작가는 "내일이면 유작전이 오픈한다."라는 말로서 종終을 시始로 변환시킨다. '내일' 이라는 미래명사와 '오픈한다' 는 현재동사가 합치면서 흘러가지 않는 주관적 시간만이 남는다. 이렇듯 그녀의 존재는 남편을 그리워하는 시간 속에 있다.

이 작품이 깊고 진지한 감동을 안겨주는 또 다른 이유는 세상 여자들의 마음을 대변하는 데 있다는 점이다. 자신의 일에 헌신하는 남편에 대한 존경, 자식에 대한 끈끈한 모정, 예술에 대한 존경, 그리고 누구나 갖는 절절한 그리움은 그녀만의 것이 아니다. 표현방식은 사람마다 다를지언정 진실 그 자체는 누구에게나 진실하다. 이렇듯 화가의 아내로서, 여류 수필가로서 최영애의 작품에는 낯익은 눈빛이 있다. 여러 화가들이 그린 모델의 눈빛이다. 기쁨, 그리움, 섭섭함, 심지어 약간의 응석이 어울려 매력적이면서도 처연하게 보인다. 진심이 담긴 눈빛만큼 우리가 좋아하는 것이 없다. 그 눈빛이 사부곡 수필을 그려냈다.

> 그는 영원한 화가이고 나는 그의 아내로 살아서 행복하다.
> – 〈어제 오늘 그리고 내일 또〉에서

2장: 최영애의 존재성 – 패션, 예술, 문학

최영애는 패션디자이너이다. 남편의 뒷바라지를 위해 20여 년 동안 지켰던 패션 직업은 소중한 생계수단이었다. 그러면서 그녀의 천성적인 감흥을 풀어주는 출구이기도 했다. 존재를 위한 행위랄까. 옷에 대한 관심은 어머니로부터 물려받았다. 어머니의 솜씨는 한국의 곡선미를 나타내는 저고리 앞선과 버선코에서 유난히 뛰어났다. 어린 시절에 최영애는 비단 조각을 얻어 바느질 흉내를 내면서 인형 옷을 만들었다. 그것이 그녀가 옷차림과 패션에서 전문가의 소양을 발휘하게 된 계기이다. 〈멋진 날개〉는 체형과 구색에 맞춰 입는 옷이 명품보다 낫다는 전문가로서의 견해를 밝힌 글이다. 어쩌면 그녀의 패션 감각과 남편의 그림 열정이 서로 교감함으로써 부부 예술가로서의 삶을 이끌어갔는지도 모른다.

그녀의 직업관과 인생관은 〈마네킹〉에서 더욱 승화한다. 〈마네킹〉은 다양한 브랜드를 걸치고 부동의 자세로 고객을 끌어드리는 역할을 한다. 그런 마네킹은 패션 유행을 이끄는 안내자이다. 작가는 그 마네킹에서 화가의 아내로서 삶을 견뎌나갈 수 있는 지혜를 배운다.

> 돌이켜보면 마네킹은 누구보다 나에게 행복과 위로를 안겨준 일등 공신이다. 아침마다 앉아 있는 마네킹을 보면서 종종 문득 홀로 법당에서 철야 기도를 올리는 여인이 떠올렸다.
>
> 쇼윈도 마네킹은 시폰 잔주름 치마폭을 늘어뜨리고 반가사유상처럼 꼼짝 않고 앉아 무념무상의 모습으로 동안거와 하안거를 지켜낸다. 고뇌와 번민을 스스로 자각하는 듯한 마네킹을 보면 깊은 산속의 어느 절간 스님이 떠오른다. 그런 마네킹에 비하면 의상실을 경영하는 나는 돈만을 계산하는 인간이 아닌가 하는 생각이 든다.
>
> – 〈마네킹〉 일부

그녀도 사실은 의상실에서 걸어 다니는 마네킹이다. 당연히 두 존재 사이에는 남이 알기 힘든 교감이 오간다. 무엇일까. 화가의 아내는 괜찮은 자리이므로 '참아라.' 라는 묵언이라고 작가는 수긍한다. 지금도 패션매장의 마네킹을 바라볼 때면 '화가의 아내' 라는 과거에 부족했던 자신의 모습을 되돌아본다.

최영애가 즐겨 입는 색깔은 검은색과 흰색이다. 그녀는 고객을 위해서는 화려한 옷을 디자인해주지만 정작 자신은 단순하게 디자인한 옷을 입는다. 그 차이를 소개한 글이 〈몸빼 바지〉이다. 몸빼 바지는 그녀의 엄마가 미군정시절 농사일과 갯가 일을 할 때 입은 작업복이다. 청상의 몸으로 자식들을 키운 엄마를 떠올리며 작가는 몸빼 바지를 디자인해 입는다. 그 옷을 입고 거울에 섰을 때 "나의 모습이 엄마가 몸빼 바지를 입고 서 있는 듯하다."라는 착시를 불러일으킨다. 착시란 무의식에 비친 영상이 다른 사물에 비춰진 심적 현상이듯이 패션조차 늘 가족의 옛 모습을 불러들인다.

〈옷장 속 칸나〉도 착시현상과 무의식을 바탕에 깔고 있다. 검고 흰 옷은 남편에 대한 그리움과 애도를 상징하는 상복과 동류이다. 색이 지닌 이미지 때문에 붉은색 옷을 입기를 주저하지만 그녀의 본능 속에는 대담하고 세련된 빨간색에 대한 동경심이 숨어있다. 고향 마을 큰집 담장에서 자라던 빨간 앵두와 덩굴장미를 볼 때면 더욱 치렁치렁한 치마에 시선이 간다.

> 요즈음에는 붉은빛 색조에 가슴이 흔들린다. 한참 제자리에 섰다가 발길을 돌려 다른 코너에 걸린 옷을 보아도 시선은 자꾸만 치마 쪽으로 되돌아선다. 플라멩코 춤을 추는 스페인 무희의 붉고 날씬한 모습일까, 걷잡을 수 없는 첫사랑의 마음이 저럴까. 그것보다는 불타는 8월의 태양을 품어버린 칸나꽃이 떠오른다. 언제 저런 열정 같은 생이 내게 있었나 싶도록 홀린 마음이 대책 없이 끌려간다.
>
> – 〈옷장 속 칸나〉 일부

그녀에게 붉은색은 유혹보다는 패션 감각과 그 열정에 더 가깝다. 아직 패션 감각이 살아있는가를 확인하고 싶은 그녀는 전신거울 앞에서 피그말리온의 여인처럼 빨간 치마를 입는다. 이때는 화가의 아내에서 벗어나 패션디자이너로서의 존재감을 회복하는 순간이다. 하지만 빨간 옷이 장롱에 걸쳐 있어야 하듯 방 안에서만 불티나는 옷을 입는다. '상복이 어울리는 일렉트라' 와 '붉은 치마를 걸친 플라멩코 여인' 의 두 모습을 비추어준 내면 고백의 글이라고 할까.

그럴 때마다 떠오르는 영상은 남편이다. 남편은 생전에 그림을 완성하면 아내에게 "이 작품은 어때?" 혹은 "더 이상 붓질하면 이상해지겠지?"라고 묻곤 했다. 그 동의는 그림을 볼 줄 아는 아내에 대한 배려이고 예의였다. 그럴 때면 동료로 인정받는 듯하여 눈앞에 "운해가 내린다."고 회상한다.

한국수필에서 심미적 소양을 모티프로 삼은 수필을 찾기 어려운 게 사실이다. 여성수필의 경우라면 집안 신변사나 여행에 관한 글이 다수를 차지한다. 이런 경향과 달리 최영애의 수필집에는 예술적 안목을 다룬 작품이 다수 실려 있다. 어린 시절의 밤 풍경을 절제된 그리움으로 그렸다고 촌평한 김환기의 〈어디서 무엇이 되어 다시 만나랴〉는 그녀의 심미감을 보여준다. 러시아에서 활동한 한인 화가의 전시회를 다룬 〈뿌리〉에서는 어머니에 대한 그리움으로 명치끝이 찔린 것처럼 아픔을 느꼈다고 고백한다. 김영갑 갤러리를 찾은 줄거리를 가진 〈두모악에 머문 바람〉에서 '예술은 집념과 열정의 힘' 이라고 설명한다.

최영애가 작품에서 다루는 화가, 조각가, 작가, 사진사들은 모두 동일한 방향성을 갖는다. 그것은 남편의 예술혼을 떠올려주는 촉매라는 사실이다.

> 그림 그리기가 삶의 전부였던 또 한 사람의 예술가가 오버랩된다. 그 역시 예술혼을 위해 어떤 것에도 치우치지 않았다. 생활인으로서는 조금의 융통성도 없었던 그는 자신만의 예술 세계를 위해 치열한 삶을 살아냈다. 어려웠던 상황에서 끝까지 포기하지 않았던 열정을 태우며 생을 다하고 떠났다. 짧았던 생이 슬프고 안타깝다.
>
> – 〈두모악에 머문 바람〉 일부

예술가는 죽을지라도 작품은 오래 남는다. 치열한 예술적 열정은 옛날도 예외가 아니라고 말한다. 경주박물관에서 감상한 금동반가사유상과 수막새의 생명은 천 년의 세월이 지나도 잊히지 않는 열정의 결과라고 여긴다. 캔버스에 붓질만 하던 화가를 조각상으로 구현한 〈두 조각상〉과 음악가의 현실과 꿈을 다룬 〈골방에서〉와 〈쿠무다 카페에서〉도 예술을 모티프로 삼고 있다. 전자에서 허름한 골방에서 연주하는 연주자를 통해 가난한 화가를 뒷바라지했던 지난 시절을 기억한다면 후자에서 그녀는 예술은 불광불급不狂不及의 경지에서만 이루어진다는 남편의 말을 거듭 강조한다. 나아가 수필창작에서 만난 스승의 열정을 지켜보면서 자신도 펜을 다잡아야겠다고 다짐한다.

최영애는 남편이 지닌 영감의 씨줄과 자신이 지켰던 동행의 날줄이 엮어준 시절이 그립다. 영감의 씨줄이 사라진 지금은 전시장을 순례하고 문학에 심취하면서 스스로 감동할 수 있는 권리를 지키고 있다. 심미감을 충족시키는 패션, 예술 감상, 문학작업이라는 여정은 그녀 나름의 독자적인 세계를 가지기 위한 발걸음으로서 최영애의 또 다른 면모를 보여주는 의의를 갖는다.

3장: 여자로서 모성 지킴이

한때 우리나라에 삼종지도三從之道가 있었다. 그 규범은 오늘날 유효하지 않지만 완전히 소멸된 것도 아니다. 삼종지도를 최영애의 삶에 인유하면 성장 시절에는 아버지가 없었다. 지금은 남편과 사별하였다. 이제 그녀는 아들딸에게 지극한 정성을 기울이는 세 번째 도리에서 자신의 존재성을 찾는다. “아빠와의 추억이 없이 자란 탓”에 아빠가 있는 아들과 딸이 부러웠던 그녀는 아버지의 존재가 “어느 재벌가의 유산보다 더 귀하다”는 것을 자식들에게 깨우쳐준다. 이러한 각오를 적은 〈미리 남겨두는 글〉은 유서 형식의 수필이다. 그녀는 이곳에 사람으로서 지켜야 할 도리를 일일이 적어둔다. “피를 나눈 형제만큼 믿을 사람은 없다.” “누구에게라도 모진 말이나 행동을 하지 말라.” “재능이 있어도 끈기와 노력이 없으면 성공할 수 없다.” “가족과 함께 삼겹살을 굽고 캔 맥주를 먹는 평범한 행복을 잊지 말라.”는 아포리즘에는 미완이었던 가족의 행복을 완성시키려는 어머니의 곡진한 아쉬움이 담겨있다.

생전에 아빠는 만약에 세상 먼저 떠나면 저승길 입구에서 엄마가 올 때까지 기다리고 있을 거라는 말을 했지. 그때는 농담이란 생각으로 마주 보고 한참을 웃었구나. 아빠는 표현은 서툴렀지만 가족 사랑 하나만은 최고였지 싶다. 엄마를 속상하게 하거나 화나게 한 적은 없었지. 몸과 마음이 한 치도 흐트러짐을 본 적도 없어. 그런 사람이었기에 죽을 것 같았던 힘든 세상도 잘 살아내었지 싶구나.

– 〈미리 남겨두는 글 〉 일부

생전 남편과의 사랑을 담담하면서도 멋있게 요약하였다. "멋있게"라는 감각은 때로는 "잘"보다 더 슬픈 인생사를 보듬어 낸다. '멋있게 살다가 멋있게 죽었다.' 이 표현이 센티멘털할지라도 그렇게 산 사람은 또 얼마일까.

최영애는 화가인 아들과 함께 여행하기를 좋아한다. 아버지와 자주 여행을 떠나지 못했던 어머니를 배려한 여행에서 그녀는 자연 풍경을 마음껏 즐긴다. 아들이 개인전을 마치고 찾아간 제주도 올레길을 걸으면서 굴곡진 인생길을 회상하는 〈길 따라 풍경 따라〉는 배낭으로 여인의 삶을 형상화한 기법이 뛰어난 작품이다.

처음에 내 삶도 화려했다. 젊음이 있으니 불가능은 없었다. 최선으로 살아 보지만 인생길이 노력만으로 이루어지는 것은 아니었다. 내 등에 무거운 배낭처럼 예술가 남편 내조하랴, 자식들 학교 보내랴, 먹고 입는 것 어느 한 가지라도 버겁지 않는 것이 없었다. 멈출 수도 벗어버릴 수도 없는, 지금 이 길을 걷고 있는 모습과 다를 바가 없다.

– 〈길 따라 풍경 따라〉 일부

최영애는 올레길 "이 길"처럼 남편과의 "그 길"을 다시 걸을 수 없다. 인생이란 아무리 힘들어도 끝이 있고 그래서 끝까지 가야 하는 외길이다. 인생의 길에서 고통과 기쁨은 하나가 된다. 남은 문제는 내 인생길을 잘 걸었다고 믿을 때 발걸음이 가벼워진다는 사실을 받아들이는 것이다.

가족애는 〈어항 속의 무지개〉로 시작한다. 관상용 열대어인 구피가 새끼를 낳는 장면을 지켜보면서 출산이 여성에게는 축복이라 여긴다. 출산은 어머니와 자식을 잇는 피의 강으로 남자는 건널 수 없는 강이다. 여성은 출산의 대물림을 이룰 때마다 삶을 위한 용기를 높인다. 그 모성을 구체화한 작품이 딸을 산후조리해준 보람을 다룬 〈탯줄〉이다. 자식양육의 고단한 일을 해학과 연민으로 풀어낸 작품은 〈대물림〉이다. 〈대물림〉은 최영애 특유의 유머가 매력 있게 발휘된 작품이다. 어른들이 철없는 아이들을 놀릴 때 "영도다리 밑에서 너를 주워왔다."는 농담을 하는데, 딸이 손자에게 "너 말 안 들으면 영도다리 밑에 네 엄마 찾아가!"라고 말하는 것을 듣고 깜짝 놀랐다는 내용이다. 그래서 이 작품은 어미의 삶이 지닌 빛과 그늘을 동시에 확인해주는 주제를 지닌다.

최영애는 지금 행복하다. 화가인 아들은 아버지와 달리 어머니에게 자상한 배려를 아끼지 않는다. 요리를 해주고, 함께 여행하고, 기회 있을 때마다 안부 전화를 건다. "음식 끝에 정든다."는 생각이 떠오를 때마다 그림만 그렸던 남편을 떠올린다. 다시 만난다 하더라도 남편은 그림만 그릴 것이고 자신은 그에게 또 내조할 것이라는 상상조차 "칼칼하고 시원한 해물짬뽕"을 해주겠다는 아들의 말을 들으면 감미로운 환상으로 바뀐다.

수필집 《11월의 노랑나비》는 '화가의 집'을 그린 풍경화 같다. 그곳에 살고 있는 남편, 아내, 아들, 딸과 손자들의 삶이 고스란히 글을 통해 전달된다. 잊어서는 아니 될 수집여행처럼 작가는 그들의 일상을 일일이 찾아내어 복원시킨다. 사별의 아픔과 그리움조차 드라마틱한 언어로 풀어낸 그녀의 글에서 우리가 연상하는 것은 사무엘 베켓의 연극인 〈고도를 기다리며〉의 무대에 서 있던 나무이다. 그러나 최영애의 나무는 사시사철 숙연하리만큼 노랑 잎을 풍성하게 매단 은행나무이다. 예술혼을 부활시키고 그리움을 형상화하는 은행나무야말로 《11월의 노랑나비》를 영속시켜주는 최영애 영혼의 나무라 하겠다.

무엇으로 다시 만나랴

최영애 수필은 화가의 혼과 그의 아내의 삶을 풀어낸 회고록 형식을 지닌다. 뫼비우스의 띠처럼 과거, 현재, 미래가 이어져 있고 추억은 달콤한 색조와 이미지를 지닌 언어로 짜여있다. 그녀가 구사하는 스토리는 계절과 장소를 가리지 않고 남편에 대한 존경심을 유지한다. 그때 그녀가 느끼는 의식은 "모든 것이 지나갔다."가 아니라 "모든 것이 다시 되돌아왔다."는 충일한 행복감이다. 그럴 때면 그녀의 눈도 화가들이 자신의 아내를 모델로 그려낸 그림 속 눈빛처럼 빛난다.

《11월의 노랑나비》는 환상적 스토리로 펼쳐진다. 그녀는 끊임없이 자신만의 언어로 남편의 예술혼을 부활시키려 한다. 붉은 칸나처럼, 태양을 좇는 해바라기처럼, 남편이 즐겨 그린 소국 같은 화가의 예술혼을 숭배하는 그녀의 심정은 물리적 시간을 초월한다. 당연히 문체는 정갈하면서도 애틋하다. 무엇보다 수필이 예술이라는 신비로운 심성에 맞추어짐으로써 독자도 이젤을 마주한 화가의 등을 선명하게 상상할 수 있다. 그리움이란 누구에게나 언제나 "그립고 그립고 그리운" 것이다. 그 원초적 그리움을 언어로 불태우는 칸나 같은 여인이 최영애 작가이다.